EL PEQUEÑO LIBRO DE LA SABIDURÍA
DE DON MIGUEL RUIZ

DON MIGUEL RUIZ JR.

EL PEQUEÑO LIBRO
DE LA SABIDURÍA
de DON MIGUEL RUIZ

Las lecciones esenciales

URANO

Argentina – Chile – Colombia – España
Estados Unidos – México – Perú – Uruguay – Venezuela

Título original: *Don Miguel Ruiz's Little Boook of Wisdom*
Editor orininal: Hierophant Publishing Corp., San Antonio, Texas
Traducción: Antonio Padilla Esteban

1.ª Edición Noviembre 2017

Copyright © 2017 *by* Don Miguel Ruiz Jr.
All Rights Reserved
© 2017 de la traducción *by* Antonio Padilla Esteban
© 2017 *by* Ediciones Urano, S.A.U.
Aribau, 142, pral. – 08036 Barcelona
www.edicionesurano.com

ISBN: 978-84-16720-05-7
E-ISBN: 978-84-17180-07-2
Despósito legal: B-23.371-2017

Fotocomposición: Ediciones Urano, S.A.U.

Impreso por MACROLIBROS, S.L.
Polígono Industrial de Argales – Vázquez de Menchaca, 9 – 47008 Valladolid

Impreso en España – *Printed in Spain*

A mis hijos, para que siempre tengan acceso
a la sabiduría de su abuelo.

A ti, padre. Espero que esta recopilación de relatos
y proverbios te parezca una digna representación
del legado que has dejado al mundo.

Y a todos a quienes quiero.

Índice

Introducción

Cuando mi hija Audrey tenía siete años de edad, la llevé a la librería de nuestro barrio con la idea de comprarle un nuevo libro de cuentos para la hora de dormir. Mientras nos dirigíamos a la sección de libros para niños, reparé en que el libro de mi padre, *Los cuatro acuerdos*, estaba expuesto bien a la vista en un estante con el rótulo «Los recomendados por los libreros».

Sonreí y lo contemplé con gran orgullo y alegría; me maravillaba que la obra continuara llegando a la gente tantos años después de su publicación inicial. Recuerdo que cuando se publicó estuve buscándola por las librerías, sin que ninguna de ellas la tuviera. La estuve buscando durante muchos meses, en un establecimiento tras otro, de los que siempre salía con las manos vacías. Hoy puede parecer irónico, pero por entonces me preguntaba si algún día la encontraría expuesta en el estante de una librería, allí donde todos pudieran verla.

Cerca de un año después de su publicación la encontré por primera vez en una librería de Berkeley, California. Me sentí tan entusiasmado que la sonrisa no se me borró del rostro hasta pasadas varias horas; la sensación de ver el primer libro de mi padre en un estante fue un momento de gran felicidad. A diferencia de todos los demás libros que había comprado, este tenía origen en la sabiduría de la tradición de mi familia, referida en las palabras de mi propio padre, y el mundo entero ahora podía leerlo.

Maravillado por el viaje efectuado por mi padre a lo largo de los últimos años, me giré hacia Audrey y le dije:

—Preciosa, si algún día necesitas consejo o quieres conectar con tu abuelito, y este se encuentra demasiado lejos como para hablar con él, siempre podrás entrar en una librería o biblioteca y encontrarlo. A través de las páginas de sus libros, el abuelito compartirá contigo cuanto sabe acerca del amor y de la vida; su voz está aquí para ayudarte.

Me sentía eufórico al poder expresarlo de esta manera, pues la tradición oral que nuestra familia comparte desde hace tantas generaciones sigue viva y a disposición de toda persona que quiera encontrar ayuda, y esto incluye a mis propios hijos.

A la vez, yo sabía que la sabiduría de mi padre iba más allá de lo que había podido incluir en sus libros. En aquel momento soñé que un día existiría un libro de este tipo: uno que encerrara dicha sabiduría adicional. Me complace decirte que el libro que tienes en las manos es el resultado final de tal intención.

La sabiduría que mi padre comenzó a enseñar a mediados de la década de 1980 nace de la tradición tolteca de nuestra familia. Los toltecas fueron un grupo de nativos americanos asentados al sur del centro de México hace 2.500 años. Son los constructores de las pirámides de Teotihuacán, en dicho país. La palabra «tolteca» es una palabra náhuatl que significa 'artista', y es que los toltecas consideraban que todo ser humano era el artista creador de su propia existencia. La sabiduría tolteca de mi padre ha sido transmitida de una generación a la siguiente, a veces en secreto, cuando las circunstancias del momento así lo requerían. Mi padre aprendió nuestra tradición de su madre, conocida como Madre Sarita, y de su abuelo, don Leonardo.

Lo que muchos no saben es que, durante su juventud, mi padre no estuvo demasiado interesado en la sabiduría tradicional de su familia. La medicina era su pasión, y estudió en la universidad hasta convertirse en médico. Sin embargo, poco después de acabar los estudios tuvo una experiencia cercana a la muerte que iba a cambiarlo de forma notable. (He incluido su crónica en primera persona al comienzo de este libro.)

Tan solo después de esta experiencia cercana a la muerte comenzó a interesarse por la tradición de sabiduría de nuestra familia y a iniciarse como discípulo de Madre Sarita. Al principio únicamente tenía tiempo para estudiar los fines de semana en San Diego, California, a la vez que mantenía su consulta médica en Tijuana, México. A medida que profundizaba en nuestra sabiduría familiar, su formación en la ciencia y la psicología occidentales le permitió contemplar tales enseñanzas desde una perspectiva nueva. La consecuencia fue que sintetizó ambas tradiciones y estuvo en disposición de desarrollar formas de comunicar sus enseñanzas en un lenguaje que encuentra resonancia en el mundo moderno.

Soy su primogénito y me acuerdo bien del viaje que por entonces efectuó: de doctor Miguel Ruiz al maestro de maestros y autor don Miguel Ruiz. Me acuerdo del día en que le dijo a mi madre que dejaba la medicina para siempre a fin de centrarse en su pasión; también tuve ocasión de notar las consecuencias económicas que tal decisión tuvo para nuestra familia. Recuerdo los humildes orígenes de sus primeras clases, a las que tan solo asistían cuatro o cinco personas. En retrospectiva, veo con nitidez la trayectoria completa de su evolución como maestro, iniciada con la práctica de compartir la tradición con los alumnos y seguida por la búsqueda constante de los mejores medios para que una lección precisa llegara de forma directa a un alumno concreto. Mi padre sabía que, por medio de esta significación directa, sus alumnos lograrían acceder a un momento de claridad. A medida que proseguía con sus enseñanzas fue dejando de emplear los viejos símbolos toltecas propios de nuestra tradición oral familiar. En su lugar desarrolló un lenguaje que describía con la sencilla expresión de «sentido común».

Las lecciones de mi padre han ayudado a incontables personas a encontrar su auténtico yo, a sanar las heridas que la domesticación ha dejado en sus existencias, a vivir una vida rebosante de amor incondicional. Quienes han adoptado sus enseñanzas han sido capaces de crear de forma armónica su propio sueño personal.

Lo que otra vez me lleva al objetivo y el propósito de este libro. Quiero hacer lo posible por recoger en estas páginas el máximo del legado de sabiduría de mi padre. Aquí compilo las enseñanzas más fundamentales de mi padre, a partir de transcripciones de conferencias, presentaciones y entrevistas, así como de aquellos momentos privados en los que compartió su sabiduría conmigo y con mis hermanos.

No es de sorprender que dichos momentos privados hayan sido los que más han influido en mí: cada vez que mi padre nos enseñaba, no ya tanto por medio de la palabra, sino más bien a través del ejemplo. Con esta idea en mente, en la parte final de este libro he incluido una colección de historias anecdóticas, en las que se describen algunos de esos momentos.

El grueso de este libro está dedicado a lo que llamo los «pasajes de sabiduría». Se trata de unas enseñanzas esenciales, y cuando leas tales pasajes me gustaría hacer unas cuantas sugerencias para facilitar que extraigas el máximo de la sabiduría en ellos encerrada.

Escucha con tu corazón

Al leer los pasajes de sabiduría, es posible que tu mente quiera hacerse con las riendas, esforzarse al máximo para entender las palabras de mi padre, pero recuerda: él está hablando a tu *corazón*. Deja que sus palabras viajen más allá de tu mente consciente (con todo su conocimiento adquirido) y lleguen a adentrarse en tu tan hermoso corazón. Tan solo en tu corazón podrás albergar esta sabiduría de un modo que facilite la transformación efectiva.

Tómate tu tiempo

Si lees más de dos o tres pasajes al día, es posible que el impacto de las enseñanzas se vea diluido. La simple lectura de un solo pasaje al día es una forma maravillosa de abordarlas. Dedica el tiempo necesario a cada una de ellas, para que pueda florecer en tu corazón.

Deja que la sabiduría te escoja

Está claro que puedes leer los pasajes por orden de aparición, pero otra opción es la de echar mano al libro cuando te encuentres en un momento de dificultad o tengas que tomar una decisión de importancia. Si abres una página al azar, es posible que encuentres un mensaje inspirador de lo que vayas a hacer a continuación.

Por último, para aquellos de vosotros que no estáis familiarizados con los anteriores libros de mi padre, quizá sea indicado que empecéis por leer el relato que abre la Tercera Parte, en el que describo mi propia iniciación en los acuerdos toltecas. Lo que os proporcionará una base para comprender algunos de los conceptos y el lenguaje en la sección dedicada a los pasajes de sabiduría.

Y bien, empecemos con *El pequeño libro de sabiduría de don Miguel Ruiz.*

Explicación de palabras clave

Acuerdos: Contratos personales que establecemos con nosotros mismos sobre la naturaleza de la realidad y sobre cómo tendríamos que comportarnos en el mundo. Ciertos acuerdos pueden ayudarnos a crear una vida hermosa; otros son responsables de dramas y sufrimientos.

Aliado: La mente, cuando actúa en representación de lo humano.

Auténtico Yo: Lo Divino en tu interior; la fuerza que aporta vida a tu mente y tu cuerpo. Parecido al concepto del espíritu o el alma presente en tantas tradiciones religiosas, no es exactamente lo mismo.

Conocimiento: Las muchas ideas y creencias sobre la realidad que llenan tu mente en forma de palabras y símbolos (lenguaje).

Cuatro acuerdos: Las herramientas que un artista puede utilizar para crear una nueva vida, tal y como aparecen en el libro *Los cuatro acuerdos* (Ediciones Urano, Barcelona, 1998):

1. Sé impecable con tus palabras.
2. No te tomes nada personalmente.
3. No hagas suposiciones.
4. Haz siempre lo máximo que puedas.

Domesticación: El sistema por el que se enseña a un ser humano a constituirse en ser humano atendiendo a la sociedad y cultura de la persona. Hemos sido domesticados cuando adoptamos aquellas creencias y comportamientos que otros consideran aceptables.

Fe: Creer en algo sin ningún género de dudas.

Mitote: Palabra náhuatl que significa «caos» y denota la idea de un millar de personas hablando en tu mente de forma simultánea.

Narrador: La voz en tu cabeza que está contándote un relato sobre lo que estás experimentando a lo largo del día. El narrador es la mente en conversación consigo misma.

Parásito: La mente, al alimentarse de la energía emocional del ser humano.

Sueño personal: Se trata del modo único por el que cada individuo interpreta la realidad; la perspectiva personal de cada uno.

Sueño del Planeta: La forma en que la humanidad percibe la realidad.

Teotihuacán: Antigua ciudad enclavada al sur del centro de México que fue el hogar del pueblo tolteca hace 2.500 años, bien conocida por sus pirámides.

Tolteca, guerrero: Aquella persona que se ha propuesto emplear las enseñanzas de la tradición tolteca para salir vencedor de la batalla interior por el conocimiento.

Tolteca, pueblo: Antiguo grupo nativo americano que confluyó en el sur y centro de México para estudiar la percepción. La palabra «tolteca» significa «artista».

Toma de conciencia: Ver las cosas tal y como son, y no a través del filtro de tu conocimiento.

Vinculación: Inversión emocional o de energía. Puedes vincularte a creencias, ideas u objetos externos, y hasta a papeles que desempeñas en el mundo.

Primera Parte

El despertar

Este es el relato completo hecho por mi padre sobre

su experiencia cercana a la muerte

y lo que a continuación comprendió.

Para mí, la historia de Miguel Ruiz cambió de manera espectacular una noche, cuando era un joven estudiante de medicina. Esa noche en particular cometí el mismo error que tantos jóvenes cometen. Bebí más de la cuenta en una fiesta y luego decidí volver en coche a Ciudad de México. Por supuesto, fue una muy mala decisión. Como resultaba de esperar, me dormí al volante y fui a chocar contra un muro de hormigón. El auto quedó destrozado y mi cuerpo se sumió en la inconsciencia, si bien no sufrió verdaderas heridas.

Lo que resulta increíble es que cuando todo esto tuvo lugar vi el accidente al completo como si estuviera sucediendo a cámara lenta. Vi mi propio cuerpo, inconsciente sobre el volante, y supe que mi cerebro también estaba inconsciente. Vi que el coche estaba totalmente destrozado, pero mi cuerpo no corría el menor peligro. En ese momento lo comprendí: *no soy mi cuerpo físico*. Con anterioridad había oído incontables veces, de mi madre y mi abuelo, que yo no era mi cuerpo físico y, por supuesto, les había creído, pero a partir de ese momento ya no se trataba de una teoría: para mí se trataba de un hecho. Lo que cambió el curso de mi existencia por entero, pues dicho episodio creó el deseo de aprender todavía más.

A partir de la experiencia cercana a la muerte vivida cuando el accidente de circulación mi personalidad cambió por completo. Ahora percibía la existencia de modo por completo distinto: antes del accidente pensaba que todo era muy importante, pero después del accidente me daba cuenta de que todo cuanto antes me parecía tan importante —los estudios, el trabajo y demás— en realidad era irrelevante por entero. Una pregunta empezó a obsesionarme: *¿qué es lo que yo soy?* Después del accidente tenía claro que yo no era este cuerpo físico; resultaba evidente. Y resultaba evidente que yo tampoco era mi identidad: Miguel el jugador de fútbol, el médico, el marido o lo que fuese. De pronto, y dado que ya no era quien había creído ser antes del accidente, me di cuenta de que no sabía qué era yo. Lo que provocó el terror en el conocimiento inscrito en mi mente. Sé que otras personas han pasado por el mismo tipo de experiencia, pero algunos se niegan a reconocerla, consiguen olvidarla y se adaptan a la vida. Hacen lo posible porque el conocimiento vuelva a llevar las riendas. Yo me trasladé en el sentido opuesto; ansiaba saber quién y qué soy yo.

Así que profundicé en las aptitudes toltecas propias de mi tradición familiar, bajo la dirección de mi madre, mi padre y mi abuelo. Al poco tiempo viví otra experiencia del tipo profundo.

Tuvo lugar en verano, en torno a la medianoche, cuando me encontraba en el desierto. La noche era tan calurosa que no conseguía dormir, por lo que decidí dar un paseo por el desierto. Había luna llena y, al elevar la mirada al cielo, tuve una experiencia que volvió a transformar mi comprensión de todo cuanto me rodeaba.

En aquel momento levanté el rostro hacia el firmamento y vi los millones de estrellas. Sin palabras, sin pensar, supe que la luz que estaba percibiendo de todas aquellas estrellas estaba llegándome a través de millones de años-luz y que todas aquellas estrellas brillaban desde distancias diferentes, si bien yo estaba percibiendo todas aquellas estrellas a la vez.

En quel momento comprendí que algunas de aquellas estrellas probablemente ya no existían en absoluto. Era posible que hubiesen dejado de existir millares de años atrás, y hasta millones de años atrás, pero yo estaba percibiéndolo todo en aquel preciso momento del presente. Me resultó obvio que todo cuanto percibo no pasa de ser luz procedente de todas direcciones hacia un lugar en apariencia situado tras mis ojos y entre mis oídos, un lugar que tan solo representa un único punto de vista.

También supe, sin ningún género de dudas, que, del mismo modo que yo percibo las estrellas, las estrellas siempre me perciben. En aquel momento entendí que tan solo existe un único ser, y que dicho ser está vivo. Vi mi propio cuerpo y comprendí, sin dudas de ninguna clase, que mi cuerpo es un universo entero, completo en sí y de por sí. A continuación miré mis manos y comprendí que cada una de las células de mi cuerpo asimismo es un universo entero. Miré en derredor, vi el hermoso desierto y, sin dudas de ningún tipo, supe que la tierra es un organismo vivo y que soy parte integral de este Planeta Tierra. También comprendí que todos los seres humanos, todos nosotros en conjunto, somos un solo ser vivo.

En este sentido, la humanidad es un órgano de este maravilloso Planeta Tierra. Los océanos son otro órgano, los bosques son otro órgano, todas las especies en su conjunto son otro órgano más. Todos trabajamos al alimón en beneficio de este Planeta Tierra. Por supuesto, en aquel momento no hubiera sido capaz de poner todo esto por escrito; simplemente, lo supe, e incluso hoy me resulta difícil explicarlo. Por favor, recordad que las palabras que estoy usando tan solo apuntan a la verdad, pues lo que experimenté no puede ser totalmente explicado mediante palabras.

Aquella noche en el desierto, cuando percibí todas estas cosas, sentí una gratitud que resultaba abrumadora. Dicha gratitud se convirtió en generosidad a partir de entonces, pues me hice un propósito que hoy sigue siendo el mismo: compartir la experiencia allí donde vaya y explicar a todo el mundo que la vida es muy sencilla, muy fácil, pero que la convertimos en muy complicada. Lo complicamos todo, y si miramos la historia de la humanidad, queda claro que complicamos las cosas por medio de la violencia, la injusticia, la guerra y demás. Por supuesto, ya conoces esta parte de la historia.

En aquel momento de despertar supe que el amor no es otra cosa que el equilibrio perfecto entre la gratitud y la generosidad. También supe que tenía que hacer una elección, pues podía denegar la experiencia y olvidarme de ella o podía abrazarla y comportarla con los míos, con todos vosotros. En aquel momento supe que el verdadero amor es por completo incondicional. Esta comprensión cambió mi vida por entero.

También supe que soy un artista, que cada uno de los seres humanos que habitan este Planeta Tierra es un artista, y que lo que estaba

Segunda Parte

Pasajes
de Sabiduría

Acudo a ti para pedirte un favor, y ese favor consiste en que me ayudes a cambiar el mundo. No estoy refiriéndome al mundo de la humanidad, al que se encuentra «ahí fuera». Estoy refiriéndome al mundo que creas en tu propia mente; al mundo que tan solo es real para ti, y para nadie más. Lo que sucede es que tú eres el creador del relato de tu vida. Creas toda una realidad que tan solo para ti es verdadera. En el mundo hay siete mil millones de personas, y todas ellas crean su propio relato. Yo creo mi mundo personal, pero este no pasa de ser un relato. No es real y no es verídico. A la vez, tu relato tampoco resulta verídico. La diferencia estriba en que tú lo consideras verídico, y yo no. Comienzas a cambiar tu mundo en el momento en que comprendes que no es de verdad, que no pasa de ser un relato.

¿Te gusta el modo en que estás viviendo tu vida? En otras palabras, ¿eres feliz? Si no eres feliz y no te gusta la vida que llevas, en tal caso tu primera labor es la de descubrir por qué. En lugar de culpar a otros por tu situación, empieza por descubrir qué es lo que piensas sobre ti mismo. Descubre qué fue lo que aprendiste sobre ti mismo a partir de tus padres, tus amigos y tus maestros…, no con intención de culpar a alguno de ellos, nada de eso, sino, sencillamente, para ver si te ayuda a entender por qué no te gusta el modo en que estás viviendo tu vida. ¿Estás tratando de ponerte a la altura de una imagen en tu mente que fue creada por algún otro? Sí, claro, entiendo que fuiste tú quien la creaste, pero ¿de quién procedía la vara de medir?

Eres lo bastante bueno —eres perfecto— tal y como eres. El objetivo de toda esta labor es el de que te quieras tal y como eres exactamente, y el de que vivas tu vida del modo en que quieras vivirla. Es lo que te convertirá en una persona feliz.

Aquello que creemos saber —sea lo que sea— no pasa de ser un convenio, un acuerdo basado en nuestro lenguaje. Simples palabras. Si damos a una cosa el nombre de árbol en nuestro lenguaje, tan solo resulta cierto porque estamos de acuerdo sobre el significado del símbolo, no porque sea verdaderamente cierto. De hecho, no tenemos idea de lo que esa cosa es en realidad; sencillamente, le damos el nombre de árbol. Por esta razón afirmo que todos somos unos artistas, y que lo que creamos es todo un relato sobre nosotros mismos y nuestro mundo, algo que no pasa de ser un relato. Tal relato únicamente resulta cierto porque lo narramos con el lenguaje que hemos aprendido. Hace falta tener conciencia para ver más allá de los relatos que hemos creado.

Las enseñanzas toltecas son la introducción a una nueva forma de vida que yo llamo «el camino del artista». En mi propio caso, me convertí en médico, en cirujano, y a continuación tomé la decisión de cambiar, de seguir otro rumbo. Es lo que hace un artista, y todos somos artistas, nos demos cuenta de ello o no. En mi propio caso, quería dejar la práctica de la medicina y profundizar en la mente humana para terminar de comprender por qué la humanidad es como es.

Lo que encontré fue que creamos un relato sobre nosotros mismos a través del modo en que percibimos la vida y todo cuanto nos rodea. Usamos la palabra a fin de crear el relato que vivimos. Aprendemos un lenguaje, y nuestros padres y otros se apoderan de nuestra atención y descargan en nuestro cerebro todo cuanto conocen. A continuación vamos a la escuela y los maestros hacen exactamente lo mismo. Así es como aprendemos a comunicarnos con todos quienes nos rodean. Empleamos el lenguaje a fin de crear todo aquello en lo que creemos: nuestro entero relato. En realidad se trata de algo muy sencillo, una vez que lo ves, pero dicha comprensión te cambiará la vida.

Una vez venido al mundo, aceptaste todo cuanto te enseñaron, sin cuestionarlo. Aceptaste la identidad y los papeles que tus padres te brindaron: este es tu nombre, este es tu hogar, y esto es lo que creemos sobre la vida, sobre Dios y demás. Te dijeron quién eres, y al poco tiempo estabas respondiendo al nombre que te habían dado, y al creer en ellos te volviste como ellos. Lo que no es bueno ni es malo; simplemente, es lo que es. Una vez que te das cuenta, comprendes que ellos no saben quién eres, porque ni siquiera saben quiénes son ellos mismos. Nadie lo sabe.

No necesitamos saber quiénes somos a fin de existir y ser felices.

El conocimiento presenta el mayor de los desafíos a la libertad personal, porque el conocimiento crea la imagen que tú tienes de ti mismo. La conquista del conocimiento implica retirar, una tras otra, cada una de las piezas de la definición que has construido sobre ti mismo. Lo que resulta aterrador para la mayoría de las personas —muchas se creen incapaces de hacerlo— porque, en ausencia de conocimiento al que aferrar la mente, tienen la sensación de que van a morirse o acabar en un centro psiquiátrico. Pero cuando te liberas de todas esas cosas que crees saber sobre ti mismo, de todas tus imágenes, lo que encuentras es la libertad.

Una de las cosas más importantes que hago es tratar de ayudar a que las personas cambien sus puntos de vista. Por ejemplo, en lugar de concentrarte en todas las situaciones desagradables que has creado en el pasado, o de sentirte abrumado por todos los acontecimientos que te han llevado a sufrir en la vida, puedes concentrar tu atención en aquello que te gusta, y verás cómo crece. Es tu elección. Puedes albergar un millón de ideas en la mente, pero el trabajo del artista es el de llevar dichas ideas a la práctica, porque sabes que en la mente albergas la capacidad de convertirlas en reales. Razón por la que, en la tradición tolteca, el concepto del sueño tiene tanta importancia. Los toltecas saben que el acto de soñar constituye el primer paso para convertir un sueño en realidad. Concentra tu atención en los sueños, antes que en las situaciones desagradables.

Muchas personas se esfuerzan en cambiar el mundo mediante la transformación de los personajes secundarios en su relato. Hacen lo posible por controlar a todos quienes les rodean. ¿Cómo se explica? Es fácil de entender. Tales personas aman a los demás del modo en que ellos mismos fueron amados: aman con condiciones. Lo que se traduce como: «te quiero si dejas que te controle. Si haces lo que quiero que hagas, seremos tan felices». Aprendemos a querer a los demás bajo condiciones, porque todos los demás nos quieren bajo condiciones.

El problema es que no podemos cambiar a los personajes secundarios; únicamente podemos cambiar el mundo mediante la transformación del protagonista de nuestro relato: nosotros mismos. El principal medio para cambiarte a ti mismo consiste en aprender a quererte *a ti mismo* de manera incondicional.

Por decirlo con claridad: puedes ayudarme a cambiar el mundo mediante la transformación de tu propio mundo, por medio del amor incondicional a ti mismo. Y cuando lo haces, se diría que es cosa de magia, pues todo cuanto te rodea se transforma a su vez.

L as personas sufren por una razón u otra, en función de cuál sea su relato. Pero, una vez que han encontrado una razón, se dan a este sufrimiento una y otra vez, hasta que se convierte en un hábito. Un hábito que resulta difícil de abandonar. Y entonces, cuando todo marcha bien y no hay razón para el sufrimiento, buscan algo que les haga sufrir, a fin de sentirse cómodos. En este sentido, podemos decir que los seres humanos son adictos al sufrimiento. Aunque todo vaya sobre ruedas, siempre nos las arreglaremos para encontrar alguna cosa u otra. Es demasiado bonito para ser verdad. Tenemos que mancillarlo todo, y entonces nos sentimos mejor. No resulta fácil ponerle fin a este hábito, sobre todo cuando ni siquiera te das cuenta de que eres presa de él. Incluso si te das cuenta, puedes hacer lo posible por dejar de sufrir, pero estamos hablando de un hábito desarrollado mediante años y años de práctica. El único modo de vencer el hábito consiste en poner en práctica su contrario: el hábito de verlo todo como hermoso. Cuando admiras todo cuanto ves y todo aquello con lo que interactúas, tu mundo entero cambia. Todo lo que percibes es bonito; comprendes que todo es una obra de arte.

En el momento de nacer no tenías conocimiento y, sin embargo, a los cuatro y cinco años de edad ya habías aprendido todo un lenguaje. No fue fácil. Fueron precisos años de práctica, pues tuviste que dar tu conformidad a cada palabra individual, a cada símbolo individual.

Nuestro lenguaje construye nuestro conocimiento, y cuando lo ves de esta forma te das cuenta del poder que hemos dado a la palabra. Pero lo que olvidamos es que nosotros hemos sido los creadores del lenguaje, y no al revés. El problema es que el conocimiento se ha adueñado de nuestras mentes, y tiene tanto miedo a lo que desconoce que se inventa todos esos relatos para pretender que sabe algo que en realidad ignora. Lo que a continuación sucede es que nosotros somos los que tenemos miedo, pero tal miedo no es real, pues en realidad no hay nada que temer. Cuando la mente está inventándose relatos y fingiendo, vale la pena probar con otra cosa. Sencillamente, dí «no lo sé», y fíjate en lo que sucede a continuación.

Imagina que vives en un lugar donde no hay espejos y que ni siquiera sabes lo que es un espejo. Se trata de algo que va más allá de tu comprensión. Puedes ver a todo el mundo, puedes ver sus caras, puedes escucharlos, pero no puedes verte a ti mismo. Si tratas de verte a ti mismo, tan solo verás la punta de tu nariz, las manos y los pies, pero no verás tu cuello, no verás tus orejas, no tendrás idea del aspecto que tiene tu rostro. Puedes ver las caras de todos los demás, pero no la tuya, y a la inversa. Otros te dirán lo que piensan sobre tu aspecto físico, y te formarás una imagen de tu propio ser a partir de sus opiniones. Es posible que digan «Tienes los ojos iguales que los de tu madre» o «Tienes las orejas idénticas a las de tu abuelo». Siempre puedes imaginar cómo es tu propio rostro, pero sin llegar a saber qué aspecto tienes en realidad.

A continuación, imagina que te dan un espejo y que puedes ver tu cara por primera vez. La imagen que de ti mismo has creado basándote en las opiniones de otras personas sin duda será distinta a la que ves reflejada en el espejo. Creciste convencido de que tenías determinado aspecto físico, pero la realidad es otra. El aspecto físico que tienes es distinto del que creías tener.

Lo mismo pasa cuando encuentras tu auténtico yo. Te das cuenta de que la persona que creías ser —en gran parte por influencia de las opiniones de otros y de quien ellos piensan que tendrías que ser— no es quien tú eres en realidad. No necesitas un espejo para encontrar tu auténtico yo; tan solo precisas abandonar el intento de ser algo y limitarte a *ser*, y punto. Te conviertes en tu auténtico yo al liberarte de la persona que crees que *tendrías que* ser.

Nuestro punto de vista individual cambia a cada momento. Por ejemplo, cuando yo tenía nueve años de edad, mi mundo era completamente distinto a mi mundo a los trece años, o a los diecisiete, o cuando me convertí en padre, o cuando me convertí en cirujano, o cuando me convertí en chamán. De esta manera, mi mundo sigue cambiando de forma constante, y lo mismo vale para ti. Cada día, a cada momento, cambias tu percepción del mundo, y este cambia de forma constante al mismo tiempo que tú mismo cambias. Sin embargo, hay una parte de ti que no cambia. ¿Puedes encontrar esa parte que hay en tu interior?

«En el principio existía el Verbo, y el Verbo estaba con Dios, y el Verbo era Dios.» Este pasaje del Nuevo Testamento es hermoso en extremo, y vemos que, desde el mismo principio, la palabra es la herramienta que el artista emplea para crear belleza. Y, por supuesto, todo cuanto existe es bello. Si no nos damos cuenta de que algo es hermoso, la explicación hay que buscarla en que concentramos nuestra atención en mentiras. Una mentira puede ser: «Esta persona es vieja, esta otra es gorda, esta de más allá es fea». Tales mentiras no son otra cosa que distorsiones de la verdad. Porque la verdad es la única cosa que existe, y la verdad es que todo resulta hermoso. ¿Puedes verlo?

Mientras crecía, todos me decían quién era Miguel, todos me decían en qué creía Miguel, qué comía Miguel y qué hacía Miguel. Todos tenían una opinión sobre Miguel. Pero cada persona era un poco diferente (y a veces muy distinta), de forma que tuve que adaptar todas aquellas opiniones diferentes y crear una imagen que satisficiera a todos. Así fue como creé la imagen de Miguel, y yo creía que era Miguel con sinceridad.

Al crear la imagen de Miguel acumulé todo el conocimiento que mis padres me habían enseñado, que me habían enseñado en la escuela, que mis hermanos me habían enseñado, todo. De todos aprendí quién era yo, pero lo primordial que aprendí de todos ellos fue cómo amar. Lo que en último término se convirtió en el problema principal, porque aprendí a amar con condiciones. Aprendí que sería amado si me ajustaba a las normas, si me comportaba como era debido y si amaba del modo que ellos querían que amase. Si eres un buen muchacho, Miguel, entonces te querré. Si no lo eres, te rechazaré.

Es lo que aprendemos de la sociedad que nos rodea, y más tarde es la forma en que queremos a todo el mundo. Los queremos si permiten que los controlemos. Así es como hacemos lo posible por controlarnos los unos a los otros en todo momento, pero, créelo o no, esto dista de ser lo peor de todo. Lo peor de todo es que aprendí a quererme de la misma forma. Aprendí a quererme bajo condiciones. La sabiduría del artista estriba en que existe otro camino, y cuando lo encontramos hallamos nuestra libertad.

L a primera clave para crear el cielo en la tierra consiste en aceptarte tal y como eres en este momento. En reconocer que eres perfecto tal y como eres, y en creer con sinceridad que eres perfecto tal y como eres. Se trata del primer paso de todos, y no resulta fácil. Te has estado diciendo algo diferente durante un muy largo tiempo, y es más que probable que otros hayan estado diciéndotelo también. De modo que tienes que practicar la aceptación de ti mismo y la contemplación de ti mismo como perfecto, una y otra vez. Se trata del primer paso. Practicar, practicar, practicar. Es lo que te convierte en el maestro. Lo más sorprendente es que, al practicar, todo empieza a modificarse y a cambiar, y me refiero a todo.

Cualquier suposición que hagas sobre cualquier cosa, y quiero decir *cualquier cosa*, en realidad no pasa de ser una proyección de lo que esté teniendo lugar en el interior de tu propia mente. Eso es todo. Examina tus creencias; ¿acaso son ciertas? ¿Cómo puedes saber si todo cuanto has aprendido en la vida resulta cierto? No puedes; simplemente, das por supuesto que es cierto. ¿Esto en lo que estás sentado es una silla? ¿Estás seguro? Cuando te deshaces de tus suposiciones y reconoces que no sabes, un entero nuevo mundo se abre ante tus ojos.

Imagina que estás haciendo una película y que eres el productor, el director y el actor principal. Está claro que nadie más que tú puede modificar la película. Lo mismo exactamente pasa con tu vida: se trata de tu película, de tu relato, y tan solo tú puedes cambiarlo. Los acuerdos toltecas son herramientas que ayudan a las personas a cambiar sus propios relatos. Dichas herramientas en realidad no son otra cosa que psicología en acción. No hace falta que entiendas todos esos conceptos académicos con nombres tan extraños; eso no pasa de ser simple conocimiento añadido. Tan solo necesitas comprender, en primer lugar, que el relato entero no es real, no es veraz; se trata de un simple relato. En segundo lugar, lo que tuvo lugar en el pasado —fuese lo que fuese— quizá resultó cierto en el momento de suceder, pero ahora mismo ya no es cierto.

Cuando entiendes esto, estás en disposición de comprender que tu entero pasado, sencillamente, es un punto de referencia para las decisiones que hoy puedes tomar. Si hoy decides cambiar tu vida, no necesitas todo ese lastre del pasado. Una de las principales herramientas a tu alcance es la de perdonar y olvidar el pasado, porque no es cierto. No es real. Lo que estás haciendo en el presente es lo único que resulta cierto y real.

M itote es una palabra náhuatl que significa «caos», el equivalente a un millar de personas hablando en el interior de tu mente a la vez, sin que ninguna de ellas esté escuchando. Existen tantos pensamientos distintos con tantas voces diferentes que, incluso cuando tienes un muy importante momento de experiencia en el que reconoces la verdad, el conocimiento hará lo posible por convencerte de que no es real en absoluto. Resulta importante ser escéptico con las voces que llegan del interior, y también con las procedentes del exterior. No permitas que la voz del conocimiento te aparte de la verdad.

Imagina que el Planeta Tierra es como una escuela donde la vida es la maestra, y la vida crea todos los acontecimientos que suceden en el mundo con intención de proporcionar lecciones a cada ser humano. Se diría que eres el discípulo y que la vida es el tutor, si bien, por supuesto, tú también eres vida.

En este sentido, podemos decir que la vida está enseñando a la vida, y que todo cuanto se encuentra entre la una y la otra se encuentra allí para que la vida pueda disfrutar de la experiencia de la vida. La creación entera se encuentra enclavada entre la vida y la vida. Se trata de la escuela del Planeta Tierra o, como prefiero llamarlo, nuestra *universo-idad*, donde la vida se vuelve consciente de que está viva.

La mayor de las adicciones del ser humano es la adicción al sufrimiento. Al crecer vemos que todos quienes nos rodean sufren —nuestros padres sufren, nuestros hermanos sufren, todos quienes están con nosotros en la escuela sufren—, y aprendemos a sufrir exactamente igual que ellos. Nos rodean los educadores más duchos al respecto, y la práctica termina por convertirnos en maestros. A partir de nuestros educadores, el protagonista de nuestro relato aprende, de forma exacta, cómo hay que sufrir, juzgar, manipular, castigar y demás. Hasta el momento del despertar, no nos sentimos felices si no sufrimos con regularidad.

El verdadero conflicto que tiene lugar en nuestro interior es el conflicto entre la verdad y las mentiras. Si creemos en la verdad, nuestra mente se siente tranquila, y si creemos en las mentiras, somos presa del desasosiego. Cada vez que sientas celos, ira, resentimiento o cualquier otra emoción negativa, puedes tener la seguridad de que estás creyéndote una mentira. Nuestro nivel interno de desasosiego depende de la profundidad que alcance la mentira. Cuanto mayor es la mentira, más sufrimos.

Lo más irónico es que, a pesar de nuestros sufrimientos, muchas veces nos convertimos en fanáticos mientras tratamos de defender la mentira. Ansiamos creer en ella. La convertimos en tan importante que, a pesar del conflicto interno que crea en nuestras mentes, somos incapaces de librarnos de ella.

Por todas partes vemos todas esas hermosas creaciones del ser humano: casas, coches, autopistas, edificios, estadios… Sea lo que sea lo que vemos, nos acordamos de que todo tuvo lugar en la mente humana por primera vez. Hicimos que todo fuera real por medio de la acción. Recordemos a los antiguos egipcios, los sumerios, los griegos, los hindúes y tantos otros, muestras de las grandes civilizaciones que existieron en el Planeta Tierra. Entendemos que todas las cosas primero existieron en la mente humana y que después, por medio de la acción, las personas convirtieron lo imaginado en real. De forma parecida, no puedes hacer que tus propios sueños se conviertan en realidad en ausencia de la acción. Lo que tenga lugar en tu mente terminará en tu mente y no se transformará en real hasta que pases a la acción. Para que tus sueños se conviertan en realidad, a la inspiración tiene que seguirle la acción.

¿Dónde está tu atención, tu concentración? ¿Te limitas a escuchar la voz en tu cabeza? ¿O estás percibiendo tus sentimientos? Lo que sientes procede de tu integridad. Tus relatos proceden del «yo no soy». Tu juicio procede del «yo no soy». Tus inseguridades proceden del «yo no soy». Pero lo que sientes, en ausencia de un relato, es auténtico.

Estás más que acostumbrado al mensaje del «yo no soy», que tiene voz en la cabeza de cada persona. Una voz que siempre está hablando. Pero ¿cuál es el mensaje del «yo soy»?

Hay situaciones en las que resulta imposible evitar el dolor. El cuerpo está maltrecho, y experimentas el dolor. El sufrimiento, por otro lado, es opcional. No tienes por qué concentrar tu atención en el dolor que sientes. Si concentras la atención en el dolor, este se vuelve mayor. Pero, cuando concentras tu atención en alguna otra cosa, se diría que estás haciendo caso omiso del dolor. Sí, el dolor está allí, pero estás volviéndote hacia algo que te hace feliz. De esta manera empiezas a comprender que el dolor tiene lugar en tu cuerpo, pero el sufrimiento tiene lugar en tu mente.

¿Puedes imaginar que vives la vida con amor incondicional, sin ninguna obligación y sin esperar nada a cambio? A fin de conseguirlo, es muy importante entender lo siguiente: *no tienes que esforzarte en ser tú mismo*. Sé tú, sencillamente, y ya está.

Si puedes vivir de acuerdo con esta máxima, te conviertes en un maestro. No tienes que ser el protagonista de tu relato; no tienes que ser tal y como te ves a ti mismo. De hecho, no tienes que esperar nada de ti mismo. Si consigues alcanzar este punto, todos tus problemas desaparecerán, y a continuación serás capaz de, verdaderamente, vivir en el momento, como el artista que está creando el relato, ahora mismo y aquí mismo.

Cuando tratas de controlar a otros o hacer que se comporten o piensen como tú quieres, no estás respetándolos. Lo que de hecho estás diciéndoles es que no crees que sean lo bastante buenos, lo bastante fuertes o lo bastante inteligentes para tomar sus propias decisiones, por lo que necesitas imponerles tus propia ideas. Por supuesto, puedes pensar que estás ayudándolos, pero no es verdad. Estoy seguro de que puedes recordar muchos episodios de tu propia vida en los que otros te han hecho esto mismo, pensando que estaban ayudándote, sin que tampoco fuera cierto. Cuando cesas en el intento de imponer tus creencias e ideas a los demás, tan solo entonces estás respetándolos de verdad. Estás haciéndoles saber que son lo bastante buenos, lo bastante inteligentes y lo bastante fuertes para tomar sus propias decisiones en la vida. Ahora sí que estás ayudando. Este es el verdadero amor, y se basa en el respeto.

Siete mil millones de personas habitan nuestro hermoso Planeta Tierra, y todos somos artistas. No importa dónde hayamos nacido, qué idioma hablemos o qué filosofía sigamos, todos somos artistas, cada uno de nosotros lo es. Estoy hablando de la totalidad de la humanidad en todo este hermoso Planeta Tierra. Como es natural, muchas personas no se dan cuenta de que son artistas, pero, una vez que has llegado a esa comprensión y ves que tu arte es tu propio relato, resulta fácil entender que, si no te gusta tu propio relato, tan solo tú puedes cambiarlo. Nadie más puede cambiarlo; tú sí que puedes. A la vez, no puedes cambiar el relato de ninguna otra persona. No puedes cambiar el relato de la persona a quien amas, el de tus hijos, el de tus padres o el de cualquier otra persona.

L os seres humanos andan en busca de la verdad desde hace milenios, y el intento de entender la verdad puede parecer muy complicado. En todo caso, el tipo de verdad que creas en tu mente resulta complicado. No se trata de la auténtica verdad. La mente provoca que todo resulte complicado porque no tiene la capacidad para comprender la auténtica verdad. A fin de ocupar el vacío dejado por esta incomprensión, la mente elabora muchas teorías del tipo complejo. Y, sin embargo, la auténtica verdad ya existía antes de la creación de la humanidad, y seguirá existiendo mucho después de la extinción de la humanidad. No puede ser entendida por medio del conocimiento, y no necesita ser validada por la mente humana.

El conocimiento es el «yo no soy». Aunque no quieras, estás obligado a manejarte con todos los mensajeros del conocimiento. El simple hecho de conocerte a ti mismo como «yo soy» posiblemente no es suficiente para vivir en un mundo donde la mayoría de las personas son mensajeros del «yo no soy». Pero cuentas con una herramienta excelente para manejarte con ellos. Dicha herramienta es el conocimiento, una vez que conviertes al conocimiento en tu aliado. ¿Lo entiendes?

Una vez que te das cuenta, te haces con el control de tu conocimiento. Lo que te proporcionará poder personal para manejarte con todos los mensajeros del «yo no soy», porque entiendes el idioma que hablan. Estos mensajeros te harán saber en qué creen. Puedes escucharlos, puedes respetarlos, pero no tienes por qué creer en ellos. Su mensaje no ejerce poder sobre ti. Ellos carecen de la toma de conciencia que tú tienes. A estas alturas has aprendido a escucharte y a respetarte a ti mismo, sin creer en tus propias palabras. Te has dado cuenta, has entendido. Practica este entendimiento hasta convertirte en un maestro del entendimiento.

La palabra es la principal herramienta de los artistas. *Tolteca* significa «artista», y todos somos artistas, incluso cuando no sabemos que lo somos. Toda persona es un artista, y nuestra principal herramienta creadora es el lenguaje que hablamos. Por medio de la palabra damos significado a lo que percibimos, creando una realidad que tan solo existe en nuestra mente. Una vez comprendido este punto, podemos entender cuán importante es la palabra, pues se trata de la herramienta que usamos para recrear aquello que ya existe; y con la palabra lo hacemos nuestro.

La palabra es pero que muy poderosa. Motivo por el que resulta tan importante no utilizar la palabra contra ti mismo.

La verdad tan solo consiste en dos cosas: la primera es la vida, y la segunda es la muerte. No necesitamos demostrar que la vida existe, porque todos estamos vivos: nuestra misma existencia demuestra que la vida existe. La segunda parte de la verdad es la muerte, porque, más tarde o más temprano, el cuerpo muere. Todo cuerpo termina por morir, pero la energía que aporta vida al cuerpo nunca puede morir. La física nos ha enseñado que la materia únicamente puede moverse cuando una fuerza la mueve, y la fuerza que mueve la materia es la propia vida. Todo cuanto existe en el mundo de la materia es una simple interacción entre la vida y la muerte. Desde el momento de nuestra concepción, cuando la vida se encarna en materia, las primeras células comienzan a dividirse. A continuación tiene lugar el nacimiento, el crecimiento, y antes de que nos demos cuenta el crecimiento se transforma en envejecimiento, de modo que todo cuando nace a la vez está trasladándose hacia la muerte. Pero la energía de la vida no funciona de esa manera; nunca llegó a nacer, y en consecuencia no puede morir.

No puedes esperar que los demás te vean tal y como eres, porque no pueden; tan solo pueden verte tal y como *ellos* son. Razón por la que es absurdo sentirte como una víctima o llorar o sufrir cuando alguien te dice que no le gustas. La imagen que tienen de ti en realidad tiene que ver con ellos mismos; nada tiene que ver contigo. En todo caso, puedes cambiar tu forma de reaccionar, para que no te sientas como una víctima. Puedes cambiar el hábito que tienes de reaccionar de determinada manera.

Al nacer fuimos programados de acuerdo con las creencias de nuestra familia y nuestra sociedad. No teníamos ningún conocimiento, no sabíamos cómo hablar, no usábamos la palabra a fin de crear nuestra realidad; no pasábamos de vivir en el momento. Pero la mente humana es un campo, fértil para las ideas y las opiniones; una vez sembradas y cultivadas, las ideas y las opiniones crecen en ella. Una vez que apareció el conocimiento y el relato se convirtió en lo principal, nos olvidamos de que somos los artistas de nuestro propio relato. Nosotros mismos somos los que lo creamos en su momento, y somos los únicos que podemos cambiarlo.

Cuando empezamos a liberarnos de los hábitos aprendidos durante nuestra domesticación, nos convertimos en guerreros. Es aquí cuando la mente entra en guerra contra sí misma, contra el conocimiento. Con el tiempo, el conocimiento que nos domesticó se convierte en nuestro aliado y la mente aprende a transformarse y a trascenderse a sí misma. Somos vida. Somos verdad.

Una vez que dominas los acuerdos toltecas, a continuación emprendes un nuevo camino en la vida, el camino vital de un maestro de la toma de conciencia. Ya no crees que esta teoría o aquella opinión sea la verdad. En su lugar, ya no crees nada, no de forma profunda. Observas todo cuanto tiene lugar y respetas todo cuanto tiene lugar, porque sabes que en realidad no te atañe. Lo que finalmente sucede es lo más increíble de todo: te respetas por completo y, cuando ello sucede, la guerra en tu mente se ha acabado para siempre.

Todo está en constante transformación. Lo que hoy es verdad puede no serlo dentro de media hora. Todo está en constante transformación. La clave estriba en ser capaz de transformarte con la misma rapidez con que la vida se transforma, y la vida siempre está transformándose. Siempre.

Suena fácil, pero el hecho es que la mayoría de las personas practican exactamente lo contrario. Viven obsesionados con el futuro o se arrepienten del pasado, tratan de controlar la existencia en lugar de cambiar con ella. Para la mayoría de las personas, se trata de la forma automática de ser. A medida que te liberas del hábito automático del intento de control y, en su lugar, vas mostrándote dispuesto a cambiar con la vida, te vuelves más y más feliz.

Por favor, no te contentes con creer lo que digo, o lo que cualquier otra persona diga (incluyendo lo que tú mismo puedas decirte). Al mismo tiempo, aprende a escuchar a todo el mundo. Esta es la clave: aprender a escuchar. Cuando decidas no creerme, o no creer a otros, o no creer en tus propias palabras, y a la vez estés aprendiendo a escuchar, entonces tendrás la capacidad de discernir lo que para ti resulta cierto.

L a imagen que te creas de ti mismo es la parte de ti que lo analiza todo, y la que tiene creencias. Esta imagen crea tantas limitaciones que empiezas a tenerle miedo a tu propio juicio. Los juicios y los castigos que creas son lo que llamamos culpa y vergüenza. Así es como te manejas contigo mismo. Has creado tu imagen y haces lo posible por vivir estando a la altura de dicha imagen, pero tú no eres dicha imagen. La definición de libertad consiste en ser tú mismo, seas lo que seas, incluso cuando no tienes idea de lo que eres. Libertad es ser auténtico. Nadie más puede darte tu libertad.

A fin de ser libre tienes que afrontar tu miedo y tienes que vencerlo. No basta con plantarle cara; también tienes que derrotarlo. Una vez lo has hecho, llega una época de claridad, porque ahora consideras que el miedo es irreal, y ya nada significa para ti. Seguirás teniendo la tentación de sentir miedo, pero no tardarás en liberarte de ella, porque recordarás con claridad que nada hay que temer.

Puedes tratar de usar las palabras, a veces con gran esfuerzo, para describir algo extraordinario que te ha sucedido. Puedes usar el conocimiento como una expresión artística para proyectar la experiencia que tuviste. Pero algo interesante tiene lugar sin que llegues a darte cuenta. Cuando dices esas palabras es difícil permanecer en el presente, porque las palabras pueden trasladarte de vuelta a la propia experiencia.

Recordar esto y mantenerte en el presente son la clave para crear un nuevo sueño a través de la toma de conciencia. El conocimiento, el anterior «yo no soy», ahora es un aliado que te ayudará a permanecer anclado en el momento presente.

La tolteca no es una raza ni una cultura; es una forma de vida reconocedora de que somos los artistas creadores de nuestras vidas. Todos somos los maestros de nuestros sueños. La persona que vive en su propio cielo personal –una persona de paz, una persona de amor—, esa es una tolteca. La práctica del respeto es el medio que te llevará a reconocer la perfección. Cuando respetas la mente humana, y las elecciones que cada persona hace, entonces te das cuenta de que todo resulta perfecto.

Tienes una memoria poderosa, por lo que puedes recordar las partes más importantes de tu relato. Pero, si lo miras de cerca, es probable que en algún punto de tu relato encuentres un gran conflicto. La historia general de la humanidad alberga grandes conflictos. Muchas personas creen que tales conflictos en el seno de la humanidad se dan entre el bien y el mal, pero no es el caso. El bien y el mal no son más que las repercusiones del verdadero conflicto que existe en nuestras mentes: el conflicto entre la verdad y las mentiras.

Cada vez que adviertas la existencia de un conflicto en tu mente, puedes decirte que las mentiras están ganando la partida. Pero incluso esto resulta aceptable. Sigue tratándose de un sueño perfecto. Todas las posibles emociones forman parte de tu relato, y tú eres el creador de dicho relato. Si estás sufriendo, acuérdate de disfrutar de tu sufrimiento, pues tú eres quien lo ha creado.

No hay razón para condenar a otra persona, porque, tan pronto como lo hacemos, creemos en un mundo marcado por el bien y el mal, por lo correcto y lo incorrecto. Nada de todo esto es verdad. Las cosas, sencillamente, existen, vivimos en un universo que siempre es perfecto, y tan solo la perfección existe. Únicamente a través del conocimiento nos juzgamos a nosotros mismos y nos decimos que no somos perfectos. Decimos cosas como «Bueno, soy un simple ser humano; no soy perfecto». O «Nadie es perfecto». Todas las personas son perfectas, en todo momento, y tan solo pensamos lo contrario cuando el conocimiento domina nuestras vidas.

Al nacer eres libre por completo, porque, sencillamente, eres tú. A medida que creces sigues siendo tú, pero la diferencia estriba en que, poco a poco, dejas de creer que eres tú. Creas una imagen mental de lo que tendrías que ser, y piensas que eres dicha imagen. Practicas durante largo tiempo hasta que esa imagen se convierte en lo que crees que eres. Pero, por supuesto, tú no eres esa imagen. Esa imagen no es libre, porque siempre está obligada a satisfacer los mencionados juicios y opiniones. Tu yo verdadero se encuentra detrás de todas esas imágenes, y tu yo verdadero siempre es libre. Tu imagen no es real, y tan solo tu yo real puede ser libre. Libérate de la imagen y vuélvete libre.

Allí donde voy no hago más que amar, porque así es como soy. Soy amor, y por eso precisamente no necesito del amor. Lo mismo vale para ti, y para todos, pero muchas personas no lo saben. En realidad nadie precisa del amor, porque *somos* amor. Pero, si no sabes que eres amor, en tal caso seguirás buscando el amor.

Lo más irónico es que crees que encontrarás el amor en otra persona, pero cuando sientes el amor siempre procede de tu interior, y no del de otro. El amor siempre procede de ti, y lo que te hace feliz no es que otro te quiera. Lo que te hace feliz es el amor que brota de tu interior. Este amor puede ser el amor a una persona, a un animal, a un lugar, a una idea, a lo que sea. No importa demasiado lo que sea. Se trata de amor, y tú eres ese amor.

Nuestro conocimiento quiere hacernos creer que somos todas esas cosas que en realidad no somos. Desde el punto del conocimiento, si me preguntas lo que soy, justificaré mi existencia con cosas como: soy un ser humano, médico, padre, autor... Pero se trata de simples mentiras, porque la verdad es que no sé quién soy.

El aspecto positivo es que para mí no es importante saber lo que soy, ni siquiera tratar de saber lo que soy, porque yo ya existía antes de que existiera el conocimiento. El conocimiento es mi creación, y no al revés. Ningunas palabras pueden describir lo que soy, ni siquiera las formulaciones más esotéricas como «Soy la vida; soy la fuerza que mueve la materia». Siguen siendo palabras, y la verdad es que no hay forma de explicar lo que soy; ni siquiera hay forma de explicármelo a mí mismo.

Nos encontramos aquí para estar vivos, para disfrutar de la existencia, para explorarla, para ser nosotros mismos, y todo ello es hermoso.

Muchas de las elecciones que harás en la vida estarán basadas en el deseo. El deseo puede llevarte por dos direcciones distintas: la inspiración o la obsesión. En el caso de la inspiración, vas a trasladarte hacia algo que quieres crear. Estarás dispuesto a cambiar, a fluir con la vida cuando haya nueva información disponible. En el caso de la obsesión, exigirás que tu deseo sea saciado del modo exacto en que quieres que sea saciado. Si no lo es, te juzgarás a ti mismo por no haberlo conseguido.

Canaliza tu deseo hacia la inspiración y no hacia la obsesión, porque la inspiración hará que tu vida sea dichosa a medida que todo se vuelve fácil en extremo. Estarás dispuesto a trabajar duramente para satisfacer tu deseo, pero no te sentirás vinculado al resultado, porque tendrás claro que dicho resultado siempre será perfecto.

Los seres humanos tienen la asombrosa capacidad de soñar, de percibir qué hay en la naturaleza que los envuelve y, después, la de transformar todo cuanto ven (en su mente, primero; por medio de la acción, después) y crear algo nuevo, que no existía con anterioridad. Todo cuanto los seres humanos crean existe en la mente humana en primer lugar, y lo convertimos en real a través de la acción. La palabra es la primera herramienta que usamos para crear, y por eso resulta tan importante la impecabilidad de la palabra.

La razón por la que los acuerdos toltecas han tenido tanta aceptación en el mundo entero nada tiene que ver con la creencia personal, y tampoco con la religión. La razón es que estas verdades proceden de forma directa de la integridad del espíritu humano. Dicho de otra forma, estos acuerdos, sencillamente, son de sentido común. Puedes leer los acuerdos toltecas en cualquier idioma, y al momento te das cuenta de que ya sabías todas estas cosas.

Una vez que empiezas a practicar estos acuerdos comienzas a desaprender todo lo aprendido de los demás. A medida que empiezas a cambiar tus creencias te das cuenta de que tan solo tú sabes qué es lo que necesitas para cambiar. Nadie más sabe lo que es adecuado para ti, y tan solo tú puedes cambiar lo que no te gusta del mundo que has creado.

En su conjunto, el Planeta Tierra es la mayor de las escuelas, pero muy pocas personas se dan cuenta. Nos encarnamos aquí, adoptamos nuestro cuerpo físico y empezamos a aprender en la escuela mencionada. Aprendemos a través de la experiencia, a través de la práctica. La vida crea todos los acontecimientos que tienen lugar a nuestro alrededor. La vida nos habla por medio de otras personas, de manera que la vida es la verdadera maestra en esta escuela que es el Planeta Tierra. Entonces, ¿quién es el discípulo?

La vida es el discípulo…, la vida que anida en tu interior, la vida que *eres* tú. La que mueve tu cuerpo físico, la que percibe a través de tu cuerpo, la que reacciona de forma palpable a los acontecimientos que suceden a tu alrededor. En consecuencia, podríamos decir que la vida está enseñando a la vida. El intercambio de energía se produce en dos direcciones hasta el momento en que la vida se da cuenta de la presencia de la vida, y todo lo demás se vuelve irrelevante. No hay más palabras porque las palabras son nuestra creación, y la verdad no necesita de un lenguaje porque siempre está ahí. La verdad siempre ha estado ahí desde la creación de la humanidad, y seguirá estándolo tras la extinción de la humanidad. No necesita que la humanidad crea en ella; simplemente, existe. Doy el nombre de vida a esta verdad, y le doy el nombre de amor.

Mi mensaje es sencillo en extremo. Quiero que seas quien eres en realidad, que de veras seas tú mismo. La vida es sencilla a más no poder, pero la complicamos. Desde que somos niños, y mientras crecemos, vemos que otros fingen ser quienes no son. Seguimos su ejemplo. Escuchamos sus juicios y opiniones sobre nosotros y reaccionamos: empezamos a crear una imagen determinada de nosotros mismos basada en quien ellos quieren que seamos. Esta imagen se transforma en nuestra identidad. Llegado cierto punto, creemos que efectivamente *somos* dicha identidad, y empezamos a comportarnos de acuerdo con lo que creemos ser. Es lo que queremos proyectar hacia otros, ajustándonos al modo en que queremos que nos perciban.

La identidad es lo que yo llamo una *máscara*, y nos ponemos diferentes versiones de tal máscara en función de las personas junto a las que estamos. Cuando estamos en el trabajo somos de cierta forma, y cuando nos encontramos en casa somos por entero distintos. Cuando estamos con los amigos somos por completo diferentes a cuando nos hallamos junto a desconocidos. Nuestra identidad es particularmente flexible cuando somos más jóvenes, y se convierte en cada vez más rígida a medida que envejecemos, pero nunca llega a ser la verdad de quienes somos.

En realidad contamos con dos programas. El verdadero programa es el que nos es dado en el momento de la concepción. Esto es lo que somos de veras, y no podemos cambiarlo. Pero cuando escogemos el segundo programa, que es por entero irreal, lo que aprendemos es una gran mentira. Este segundo programa hace que nos sintamos perdidos.

De modo que mi mensaje es el de que, sencillamente, seas tú mismo, y no quien creas que tienes que ser. Mi mensaje es una invitación a volver atrás y ser quien eres de verdad, y las enseñanzas toltecas son herramientas de sentido común para ayudarte a hacerlo.

Muchas veces utilizo la analogía de Santa Claus para explicar el concepto de la domesticación humana, o el sistema de castigos y recompensas. Según la leyenda, Santa Claus lo sabe todo: sabe cuándo estás durmiendo, sabe cuándo estás despierto, sabe qué haces y qué no haces. Y más vale que te andes con ojo, porque Santa Claus va a recompensar a los buenos y castigar a los malos dejándoles un regalo o no. Es un ejemplo de la manera en que domesticamos a nuestros hijos, pero de hecho resulta aplicable en todo lugar y en cualquier época de la vida. No tan solo tiene lugar en el caso de los niños, sino que también sucede con los adultos: sucede en todas partes, constantemente. Nuestra sociedad al completo está basada en ella.

Cuando alguien te grite, recuerda que esa persona está manejándose con lo que tenga que manejarse, que nada tiene que ver contigo. No es algo personal; podría tratarse de ti como de cualquier otro. Si estás de acuerdo con lo que dicha persona te dice, entonces te lo estás tomando de forma personal. Si no estás de acuerdo, siempre puedes apartarte de su lado y continuar con tu vida. Tú eliges entre estar de acuerdo o estar en desacuerdo. La acción de otra persona no es del tipo personal. Nunca tiene que ver contigo, incluso si estás de acuerdo con ella.

Cuando respetas a todos los demás respetas la forma en que sueñan, el relato que crean y el mundo que habitan. Sabes que todos habitamos nuestro propio mundo, que es nuestra propia creación. Creas tu propia realidad, y tan solo tú sabes cuál es tu realidad. Nadie más puede conocer tu realidad, porque se trata de tu creación; es el relato de *tu* vida, la historia de ti. Por eso decimos que cada cerebro, cada cabeza, tiene su propio mundo, y tan solo tú sabes lo que tienes en tu mundo.

Si no te gusta tu creación, nadie más puede cambiarla; tan solo tú podrás hacerlo. Eres el único capaz de cambiar tu mundo, tu creación, porque tú fuiste el que lo creó. Una vez que lo sabes, asimismo te respetas.

Al comienzo de mi formación creé algo que llamé «la habitación de los espejos». Se trataba de un pequeño cuarto en la casa donde dispuse espejos en cada una de sus cuatro paredes. El cuarto no tenía ventanas, y solía entrar en él y prender una vela, momento en que veía mi imagen reflejada de forma infinita en las cuatro direcciones. Como es natural, sabía perfectamente que eran simples imágenes de mí mismo, pero el hecho era que podía ver centenares de millares de versiones de mi persona, y en todas las direcciones.

Cuando permanecía el tiempo suficiente en la habitación, al final no sabía si mi propio cuerpo era una sola de las infinitas imágenes que veía o si se trataba de mi verdadero yo. Hasta que comprendía que mi cuerpo es una realidad virtual, porque también está creado por la luz. Pensaba en la humanidad y veía que esto era exactamente la misma cosa. La humanidad es una habitación de espejos. La vida está en el centro, y los seres humanos son las imágenes en el espejo. La única verdad es la vida.

Los seres humanos crean lenguajes completos, y el lenguaje es una creación perfecta que funciona de acuerdo con su propósito, pero, a la vez, nuestro lenguaje (en forma de conocimiento) empieza a controlarnos. Las creencias nacidas de este conocimiento tan solo resultan ciertas en virtud de nuestro acuerdo. Cuando creemos en cada acuerdo al que llegamos y ponemos todo el poder de nuestra fe en él, entonces nos encontramos en una realidad virtual. Estamos poniendo todo el poder de nuestra fe en algo que puede cambiar en un instante. Las enseñanzas toltecas son herramientas que pueden ayudarnos a cambiar nuestra perspectiva. Al usar tales herramientas comprendemos que el mundo entero es nuestro relato, y que el primer paso para cambiar el relato consiste en darnos cuenta de que no pasa de ser un relato.

Cuando nos sumimos en una relación hacemos lo posible por proyectar lo mejor de nosotros mismos. Tratamos de impresionar a la otra persona, y ella trata de impresionarnos a su vez. Pero, después de cierto tiempo juntos, empezamos a ver cosas que no nos gustan de ella. Para ti, la pregunta es: ¿y ahora, qué voy a hacer?

¿Te dices: «Mi amor hará que estas cosas cambien»? ¿O, si estás escondiendo algo de ti, quizá te dices «Voy a cambiar ese algo»?

¿De veras es posible cambiarte a ti mismo en atención a otra persona? Sí, claro, puedes fingir que cambias y puedes reprimirte a ti mismo, pero ¿qué precio vas a pagar por dicha represión? El precio es extremadamente alto, porque ese precio es la libertad. ¿Vas a renunciar a tu libertad y aceptar ser algo que no quieres ser? O puedes ser lo bastante sabio para decirle al otro: «Verás, lo mejor es que cambiemos estos acuerdos que se dan entre nosotros. Por el respeto que nos debemos el uno al otro, podemos llegar a unos nuevos acuerdos».

Mi cuerpo físico es el verdadero amor de mi vida. Si puedo conseguir que el amor de mi vida sea feliz, entonces puedo disfrutar de cualquier tipo de relación que yo quiera, siempre que esté basada en el respeto a uno mismo. No voy a sacrificarme a mí mismo en nombre del amor. No voy a fomentar que mis seres queridos pierdan su libertad en nombre del amor.

Si bien todo nuestro relato está basado en el protagonista principal —nosotros mismos—, también creamos personajes secundarios basados en todos quienes nos rodean. Sin embargo, lo que tenemos en mente no es quiénes son, sino tan solo cómo los percibimos. Todos los demás hacen exactamente lo mismo que nosotros, crear su propio relato. En sus relatos, por supuesto, ellos son los protagonistas principales y *nosotros* somos los personajes secundarios. Dado que cada personaje tan solo puede estar basado en la percepción, somos completamente diferentes en el relato individual de cada persona.

Estamos hablando de algo completamente natural y cierto en todos y cada uno de los seres humanos: somos amor. Somos los creadores del amor, y nunca existe una razón para no amar. Sea lo que sea lo que te empuje a refrenar el amor, sugiero que no olvides que no se trata de algo personal. En realidad nadie tuvo la culpa de lo sucedido, fuese esto lo que fuese. De forma parecida, no culpes a otros de lo que haces, no culpes a otros del dolor que sientes. Tu mundo entero es tu creación, y tan solo tú tienes el poder de cambiarlo. La forma de cambiarlo consiste en proyectar más amor en cada situación, y no menos, porque eso es exactamente lo que eres: amor.

El único relato que puedes cambiar es el tuyo. Cuando te esfuerzas en cambiar el relato de cualquier otro, el resultado es un conflicto. Para algunas personas, el intento de cambiar el relato de otros se convierte en una obsesión, y hacen lo posible por controlar a sus parejas, a sus amigos o a sus hijos. En tales situaciones, la persona a la que tratan de controlar muchas veces desempeña el papel de víctima, y suele decir: «Mirad lo que están haciendo de mí». Al adoptar el papel de víctima, esta persona a su vez está tratando de modificar el comportamiento de su opresor.

En este ciclo de obsesión y victimismo no existe el respeto entre el uno y otro; tan solo hay conflicto. Cada uno de los dos afirma estar en lo cierto para dar a entender que el otro se equivoca, y sus opiniones pueden tornarse tan fuertes como para llevar a la destrucción de la relación. Cuando te das cuenta de que estás intentando controlar a otros, ya sea desempeñando el papel de opresor o el de víctima, en ese momento tienes una elección. Puedes decantarte por el respeto a sus elecciones y liberarte del deseo de cambiar al otro. Es un paso para cambiar tu propio relato, a medida que te das cuenta de que no tiene sentido tratar de cambiar a otras personas.

El Sueño del Planeta es colectivo y siempre está cambiando, y es parte del destino de la humanidad que el sueño continuamente esté transformándose. No importa qué es lo que hacemos, si facilitamos el cambio o nos resistimos a él, el cambio siempre tendrá lugar. Está teniendo lugar ahora mismo, y todo cuanto podemos hacer es disfrutar el cambio.

El mejor modo de usar la palabra consiste en ser tú mismo. Deja de fingir que eres otro, porque, por mucho que te esfuerces, nunca podrás ser otra persona. Motivo por el que resulta tan importante entender bien todo pequeño símbolo que aprendas y usarlo del modo exacto que te has propuesto, ser impecable con la palabra. Nuestra felicidad depende de la manera en que usamos la palabra. «Impecable» significa «sin pecado» y, en este contexto, un pecado es aquello que hacemos contra nosotros mismos. Sin relación alguna con la religión. Pecar supone ir contra aquello que somos, y una de las formas de hacerlo consiste en el intento de ser alguien distinto a quienes somos en realidad.

Los hábitos resultan tan difíciles de vencer porque hacemos lo que a estas alturas sabemos cómo hacer, lo que lleva a que nos sintamos seguros. De esta manera, nuestros hábitos se vuelven automáticos. La cuestión es: ¿lo automático domina tu vida? En otras palabras, ¿estás haciendo lo que sabes hacer porque resulta cómodo, o porque verdaderamente quieres hacerlo? Pasar a una nueva acción puede ser incómodo, razón por la que es difícil, pero se trata de un paso necesario si quieres liberarte de los automatismos. La toma de conciencia y la aceptación son el primer paso, porque una vez que te has dado verdadera cuenta de que estás haciendo algo que no es bueno para ti, o no es lo que deseas, ahora es mucho más probable que emprendas una nueva acción.

A la hora de comprender el inmenso poder de la percepción, tenemos que empezar por recordar que de hecho *no vemos* ningún objeto en el mundo. Únicamente podemos ver la luz que está siendo reflejada por cada objeto que percibimos. Del mismo modo exacto que, cuando miramos un espejo, cuando todo da la impresión de estar dentro del espejo —el espejo parece ser real y estar lleno de objetos—, no se trata de la verdad. Si tratamos de tocar los objetos, tan solo tocaremos la superficie del espejo. A la vez, tenemos claro que cuanto se encuentra fuera de dicho espejo es real, porque si nos giramos podemos tocarlo, podemos sopesarlo, podemos demostrar que resulta real.

Por consiguiente, todo cuanto ves en el espejo es una realidad virtual, una copia de lo que está en el exterior. Lo que tiene lugar en tu mente durante el proceso de percepción es exactamente igual. La única diferencia entre el espejo y tus ojos es que detrás de tus ojos se encuentra un cerebro, y que dicho cerebro ha percibido y asimilado todo cuanto se halla en tu mundo. Con tu conocimiento aprendido, la mente, que es un reflejo de la luz en el cerebro, lo distorsionará todo. De modo que, lo mismo que el espejo, creas un reflejo de la vida, que el cerebro percibe. La mente crea todo el conocimiento que tienes, y el conocimiento crea cada uno de tus pensamientos y creencias; sin embargo, ninguno de estos pensamientos y creencias es verdaderamente cierto. ¿Cómo pueden serlo? Están basados en una copia de lo que es verdad, no en la propia verdad.

Todas las cosas a las que estoy refiriéndome de hecho no son más que las herramientas de un artista; son lo que el artista usa para crear una realidad maravillosa, una obra maestra del arte. Cuando me refiero a la vida de un artista, por favor, entiende que no estoy limitándome a hablar de un pequeño grupo de personas que vivieron en México hace miles de años, los llamados toltecas. Estoy hablando de cada uno de los seres humanos que han vivido en el Planeta Tierra a lo largo de los tiempos. No importa el lenguaje que hablen o la religión que sigan. Nada de todo ello tiene importancia. Lo principal es que todos somos artistas, y que usamos esas herramientas y las herramientas del artista para crear lo que está teniendo lugar en nuestra mente.

L as personas pueden hacer millones de promesas, pero ¿alguna de ellas es verdad? Puedo prometerte que voy a vivir contigo para siempre, pero podría morirme dentro de media hora. ¿Quieres creer en las promesas? Si crees en las promesas, en tal caso prepárate a sentirte traicionado cada vez que alguien no cumpla su promesa. Por supuesto, es probable que tú también hagas promesas. Todo el mundo hace promesas y más promesas. Te prometo la luna, el sol y las estrellas; te prometo un jardín de rosas. Prometo hacerte feliz. Pero ¿de veras piensas que puedo *hacerte* feliz? ¿Crees que alguien puede hacerte feliz? Nadie puede hacerte feliz, nadie. El único que puede hacerte feliz eres tú mismo.

A medida que te haces mayor, la sociedad te dice qué es bonito y qué es feo, y al final estás de acuerdo. Pero no son más que mentiras. ¿Quién dice que un recién nacido o alguien que está a punto de morir son feos? ¿O que nuestros cuerpos son más hermosos cuando tenemos veintipocos años? ¿Te das cuenta de que estas supuestas verdades no son más que mentiras?

Es hora de despertar, porque las mentiras no van a sobrevivir a la verdad. Hace dos mil años, Jesucristo dijo que la verdad te sería revelada y que la verdad te haría libre. Contempla la verdad ahora mismo y sé libre. No tienes por qué esperar más tiempo.

Tan solo puedes amar a otros del modo en que te amas a ti mismo. Si te amas a ti mismo con condiciones, amarás a los otros con condiciones. En paralelo, si te quieres a ti mismo, no vas a quedarte con alguien que te somete a abusos (físicos o mentales). No importa lo mucho que puedas querer a la persona que abusa de ti. Si de verdad te quieres a ti mismo, no vas a seguir a su lado. Porque el amor y el respeto que sientes por ti mismo no va a permitirlo. Razón por la que los acuerdos que estableces contigo mismo —ser bueno contigo mismo, ser amable contigo mismo, honrarte a ti mismo y respetarte a ti mismo— son los más importantes de todos. Una vez que eres capaz de brindarte este tipo de amor, también estás en disposición de compartirlo con otros.

Al nacer carecemos de conocimiento. Pero, al poco tiempo, las palabras llaman nuestra atención, y aprendemos un lenguaje. Aprendemos sobre la religión, aprendemos cómo se supone que tenemos que comportarnos, etcétera. Es lo que se denomina adquirir conocimiento.

Una vez que tenemos conocimiento, algo extraordinario sucede. De pronto, cuando tan solo tenemos unos pocos años de edad, el conocimiento empieza a hablar en el interior de nuestra cabeza, con una voz que nadie más que nosotros puede escuchar. Esta voz del conocimiento hace toda clase de suposiciones. Pretende saberlo todo, pero en realidad se limita a suponerlo casi todo.

Si profundizamos, podemos encontrar el lugar situado entre los pensamientos, entre todo este conocimiento. Al descubrir este silencio interior veremos que podemos controlar nuestros pensamientos, y que podemos crear más de ese silencio en nuestro interior.

Muchas veces oigo a las personas decir: «Cuando tenga tal cosa, seré feliz» o «Cuando consiga llegar a esto o lo otro, seré feliz». A fin de ser felices se imponen un montón de condiciones a sí mismas, e incluso, si consiguen cumplir con esas condiciones, entonces las cambian o agregan otras nuevas. Mi pregunta es la siguiente: ¿para qué esperar? ¿por qué no ser felices ahora mismo?

Hay personas que quieren ser como Jesús, Buda u otro maestro al que admiran. No se dan cuenta de que tan solo pueden ser ellos mismos. Esto es la perfección. Eres perfecto tal y como eres, sencillamente. Eres único. Nunca ha habido alguien como tú. No hay nadie que sea como tú, y nunca va a haber alguien como tú. Únicamente puedes ser lo que eres, incluso si no sabes qué es lo que eres. Todo eso carece de importancia. Estás aquí, estás vivo, y eso es lo importante.

Puedes imaginar que un ordenador es tu cuerpo físico, y que la electricidad que alimenta el ordenador es la fuerza vital que proporciona vida a tu cuerpo. Si desconectas el ordenador, este se apaga y muere. Si la fuerza vital abandona tu cuerpo, el cuerpo, asimismo, muere. También podríamos decir que los programas que rigen el ordenador son como las ideas y las creencias que rigen tu mente. Tales programas no están hechos de materia —no puedes tocarlos físicamente—, y tan solo funcionan porque la electricidad alimenta el ordenador. No eres el ordenador (el cuerpo) ni sus programas (cerebro), sino que eres la fuerza vital de la electricidad que alimenta ambos. Si bien el ordenador y sus programas con el tiempo terminan por averiarse y funcionar mal, hasta que van a parar a la basura, la electricidad no se ve afectada en absoluto. Nunca cambia. Si entiendes esta metáfora, te darás cuenta de lo secundarios y temporales que son tu cuerpo y tu alma. No son nada sin la fuerza de la vida que eres tú.

La percepción tiene lugar en todo momento; percibimos cosas situadas fuera de nosotros y les damos el nombre de objetos. Es verdad que tales objetos existen en la realidad, pero los objetos que vemos no son los verdaderos objetos que existen en nuestro exterior. Únicamente vemos la imagen de dichos objetos, porque la luz se refleja en cada objeto individual y se proyecta en nuestro ojo. Nuestro ojo lleva esa imagen al cerebro, y el cerebro crea una estampa basada en lo que es real. Pero dicha estampa no es real; es virtual. Es lo mismo que sucede cuando te miras a un espejo. Tienes perfectamente claro que todo cuando hay en el espejo es un simple reflejo, que no es real. Si acercas la mano para tocar alguno de esos objetos tan solo acariciarás la superficie del espejo. Tu mente funciona de forma parecida: crea imágenes basadas en la verdad, pero que no son exactamente la verdad. A todo esto, tu mente hace otra cosa más, pues está ocupada por el conocimiento, la razón y la memoria. La mente distorsiona toco cuanto percibes por medio del juicio. Dotas de un relato a lo que percibes, y el relato se convierte en tu realidad, si bien al final no resulta cierto. No hay ningún relato cierto, ni por asomo.

El amor condicional es la causa de toda la violencia, toda la injusticia y todas las guerras experimentadas por la humanidad. Cuando aman bajo condiciones, los seres humanos tratan de controlar todo cuanto les rodea y hacen lo posible por imponer sus puntos de vista a otros. Al entender que el amor condicional es la fuente de todos los conflictos podemos ver su influencia en nosotros mismos, en nuestra familia, en nuestra sociedad, en nuestro país y en la humanidad en su conjunto. Cuando entendemos esto a fondo, vemos lo maravilloso que podría ser el Sueño del Planeta si nos quisiéramos a nosotros mismos y quisiéramos a los demás de forma incondicional.

Los perjuicios de la domesticación se disuelven cuando no te tomas las cosas personalmente, no haces suposiciones, das siempre lo mejor de ti y eres impecable con tu palabra. Te das cuenta de que lo que las personas dicen, sea lo que sea lo que digan, no pasa de ser su punto de vista y solo resulta cierto para ellas. El resultado es que eres libre. Mi libertad es lo más importante para mí, y no voy a renunciar a ella juzgándome a mí mismo o juzgando a otros.

Resulta importante ser consciente de la diferencia entre la lástima y la compasión. Si sentimos lástima de alguien estamos faltándole al respeto. Ya no respetamos su libertad de elegir la vida que quiere vivir, de crear su propio sueño. Si sentimos compasión, respetamos sus elecciones, y estamos dispuestos a ayudarlo a ayudarse a sí mismo, si nos lo pide.

Si sientes lástima de otros también sentirás lástima de ti mismo, y terminarás por pensar que nunca vas a llegar a nada. Cuando te compadeces de ti mismo te haces cargo de las dificultades, pero también tienes fe en ti mismo. Yo lo llamo valentía. La valentía no significa no tener miedo; significa que estás dispuesto a afrontar tu miedo y pasar a la acción, sabedor de que, sea cual sea su naturaleza, el resultado será perfecto, porque hiciste todo cuanto estuvo en tu mano.

Cuando sientes lástima de alguien, estás ofreciéndole hacer por esta persona lo que ella teme hacer por sí misma. La próxima vez que se encuentre en la misma situación, su miedo será incluso mayor que antes. Si sientes compasión, siempre puedes ser de ayuda, quizá diciéndole: «Y bien, puedes hacerlo, dame tu mano, levántate. Estas son las herramientas que necesitas, ve y hazlo, afronta tu miedo». Si lo que sientes es compasión, respetas sus elecciones personales y su poder, con independencia de la dirección que la persona tome. Se trata de su elección, y nada tiene que ver contigo.

A la hora de plantar cara a nuestros miedos, primero tenemos que comprender qué es, en realidad, el miedo. El miedo es una emoción que resulta extremadamente importante para la mente humana, de forma comparable a lo que el dolor supone para el cuerpo físico. El dolor dice a tu cuerpo físico que algo marcha mal, que tienes que hacer algo al respecto. Lo mismo sucede con el miedo. El miedo dice a tu mente que estás en peligro, que mejor será que hagas algo, o puedes salir dañado. Lo que, por ejemplo, es de utilidad si estás caminando por un bosque y te tropiezas con un oso grizzly: el miedo en tu mente te empuja a actuar de forma inmediata. Este es el verdadero miedo.

Pero hay un miedo de otro tipo, y este miedo procede del conocimiento aprendido de nuestros padres, sobre lo que es bueno y lo que es malo, lo que está bien y lo que está mal. Nos entra el miedo a ser castigados, a no ser recompensados. Por medio del conocimiento creamos un miedo que resulta irracional. Nos entra el miedo a lo que la gente pensará de nosotros, o a ser nosotros mismos, o a tratar de convertir nuestros sueños en realidad. La verdad es que los miedos de este tipo constituyen la mayoría de los miedos con los que nos manejamos en la vida. No hay muchos osos grizzly en el mundo, pero en nuestra mente creamos muchos osos grizzly mediante las mentiras y las distorsiones.

Creemos vivir en una realidad externa, pero, de hecho, todo cuanto vemos se encuentra dentro de nuestras cabezas. Sí, claro, podemos percibir todos los objetos que nos rodean, pero cada uno de nosotros tiene un punto de vista distinto. No hay dos personas en el mundo que vean las cosas de manera exactamente igual.

¿Qué es un objeto de poder y cómo funciona? Es cualquier cosa en la que tienes fe como representante de una creencia.

Un anillo de boda, por ejemplo, puede ser un objeto de poder. Simboliza un contrato establecido contigo mismo y con alguien más. Has puesto fe en él, lo que significa que verdaderamente crees en aquello que signifique para ti. Te resulta difícil transgredir un acuerdo, y un objeto de poder te recuerda cuál es tu estructura de creencias. Es un recordatorio de acciones y consecuencias. Has puesto tu fe en él, y si haces una transgresión vas a sentirte mal. Algo te dice que está mal transgredir un acuerdo. Si tu pareja lo transgrede, vas a sentirte herido.

Sin aceptación y entendimiento podemos mantener muchos acuerdos que discrepan por completo de nuestra verdad, a pesar de lo cual tenemos la sensación de que nunca podemos quebrantarlos. Si renunciamos a ellos, nos sentimos avergonzados o culpables. Hemos puesto nuestra fe en ellos, pero en cualquier momento podemos poner nuestra fe en nuestra verdad. Podemos establecer nuevos acuerdos con nosotros mismos y con otros, mostrando todo nuestro amor y respeto. Con el respeto, podemos cambiar nuestro sueño personal.

Cuando ves que alguien hace una elección personal con la que no estás de acuerdo, tienes que acordarte de la necesidad de respetar su decisión. No eres el responsable si otros eligen vivir en el infierno, porque ellos son los que escogen vivir en el infierno, y no tú. La cuestión es: ¿qué es lo que tú eliges? Puedes escoger el cielo, y si lo que deseas es vivir en ese cielo terminará por suceder. No hay duda de que terminará por suceder. El cielo y el infierno están aquí y tienen lugar ahora, los dos, y a ti te corresponde escoger.

En último término, el conocimiento siempre es exactamente el mismo, sin que importe de qué cultura o sociedad procede. El conocimiento ya puede proceder de Israel, Japón, Egipto, México o de donde sea; es siempre el mismo. Todo conocimiento es una distorsión de lo que resulta cierto. No tiene sentido cuestionar lo que otra persona cree, porque su conocimiento tan solo es cierto para ella misma.

La meditación es una de las herramientas que los seres humanos usan para detener la mente. Sin embargo, llega un momento en que te das cuenta de que ya no necesitas sumirte en la meditación formal de cualquier tipo, pues todo el tiempo estás meditando.

Por ejemplo, si en este momento preciso me pusiera a hablar contigo, necesitaría usar mi cuerpo para hacerlo. Mi cuerpo me obedece, razón por la que no necesito pensar en lo que estoy diciendo; sencillamente, lo sé. Lo que de veras está teniendo lugar es que me encuentro presente en este momento, y eso es lo que tú estás sintiendo. El lenguaje, sencillamente, está ahí para mantener tu atención mientras hablamos mente a mente. Pero la principal conexión se da entre el tú real y mi yo real. Una vez que dejamos atrás la mente pensante, sabemos que somos uno. La creación en su totalidad, todo cuanto existe, todos los universos… Todo ello es un único ser, y está vivo.

Cuando decidí dejar de ejercer la medicina, mi decisión generó grandes desacuerdos a mi alrededor, empezando por mis amigos y familiares. «Después de tantos años de esfuerzo, ¿ahora qué vas a hacer con tu vida?», solían preguntarme. Pero yo quería concentrar mi atención en la comprensión de la mente humana. Me sumí en el estudio profundo de mi tradición familiar, y los resultados de dicho estudio fueron los libros que escribí. A decir verdad, son libros de psicología, pero yo no hablo del yo, el superyó y cosas semejantes. No trato de explicar por qué la mente funciona del modo en que lo hace. En mis libros trato de proporcionar a las personas las herramientas útiles para cambiar su propio relato, su propia mente. Son herramientas listas para su aplicación; no estamos hablando de la teoría, sino de la acción.

La sabiduría tolteca en realidad es eso: psicología en acción. Todas mis enseñanzas se refieren a lo que podemos hacer para mejorar nuestra creación, porque, a mi modo de ver, esa es la auténtica psicología. No se trata de revivir el pasado para que puedas sufrir de nuevo, una y otra vez, por causa de lo que hicieras en su momento, y pagar el precio de nuevo, una y otra vez. Todo eso únicamente sirve para vincularte aún más a tu relato.

Mis enseñanzas tienen el propósito de ayudarte a ver que el relato es lo que es —un relato—, y a comprender que el relato no es lo que tú eres. Una vez que entiendes que eres el artista que creó dicho relato, te das cuenta de que tienes el poder de cambiarlo.

La gente muchas veces dice: «¡Explícame por qué! ¡quiero saber el porqué!» El «porqué» no es importante. Algo es o no es. Lo tomas o lo dejas, y punto. No hay elecciones personales correctas o equivocadas; eres tú quien las convierte en correctas o en equivocadas. Puedes crear un nuevo sueño mediante adopción de elecciones, la toma de decisiones y el paso a la acción fundamentado en la toma de conciencia.

Nuestro problema primordial es que aprendemos a amarnos con condiciones. Te dices a ti mismo: «Voy a quererme si puedo hacer esto o lo otro, y si no, entonces no merezco quererme». Te castigas al rechazarte a ti mismo.

Cuando lo haces, oyes la voz del parásito en tu mente que dice: «No soy lo bastante bueno, lo bastante fuerte, lo bastante inteligente, lo bastante guapo. Nunca voy a llegar a nada». Como resultado, asumes el papel de víctima, porque te quieres bajo condiciones.

El amor condicional es justo lo contrario que el verdadero amor. El verdadero amor es incondicional. Te quieres a ti mismo tal y como eres. A continuación, asimismo puedes amar el relato que creas, sabedor de que no pasa de ser un relato.

El hecho de que tengas un dolor físico no necesariamente significa que tengas que ser infeliz. Para mí, la mera circunstancia de estar vivo resulta suficiente para ser feliz. Sé que en el mundo hay muchas personas que sienten dolores físicos, y que, en ocasiones, el modo en que interactúan con los demás cambia como resultado de dichos dolores. Comienzan a culpar a otros y se llenan de ira, y consideran que nadie les comprende porque no saben cuánto dolor sienten. La verdad es que nada resulta personal, lo que también vale para el dolor. La culpa no la tiene nadie: no hay nada que juzgar ni hay alguien a quien culpar. Para mí, la clave radica en ver que puedo seguir siendo feliz incluso con dolores físicos, y a continuación poner toda mi atención en las áreas que me hacen feliz. Cuando lo hago, la felicidad va en aumento.

La palabra es lo que nos convierte en artistas, y usamos la palabra con intención de crear un relato sobre nosotros mismos y sobre todo cuanto percibimos. Dado que la información nos llega de todas partes, podemos decir que somos el centro del universo entero. Desde el centro creamos todo un relato, todo un sueño, el sueño en el que vivimos nuestra vida. De entre todas las herramientas que tenemos a nuestra disposición, la palabra es la más importante; el modo en que usemos la palabra dictará cómo vamos a vivir nuestra vida. Podemos crear un hermoso paraíso, o podemos crear la peor de las pesadillas. En uno u otro caso, será una obra maestra del arte. Es nuestra vida y es nuestra elección.

Cuando te conviertes en un verdadero maestro, te has dado cuenta de que en el Sueño del Planeta se da un constante proceso de apego y desapego. Constantemente nos apegamos y desapegamos de personas, cosas, experiencias, ideas, etcétera, en todo momento de la vida. Cuando te apegas a algo, te identificas con algo que no eres. Cuando te desapegas vuelves a concentrar en ti mismo tu atención y tu conciencia. Como maestro, puedes jugar con estos recorridos de ida y vuelta, pero nunca te juzgas a ti mismo por haber establecido un apego. Practicas darte cuenta de tu apego para que puedas preguntarte si quieres mantener el apego o devolver a tu propio interior tu fe y poder personales. Cuando estés preparado para desapegarte, lo harás.

El tratamiento para sanar las heridas emocionales consiste en la verdad, el perdón y el amor a uno mismo.

La verdad opera como un bisturí que abre la herida emocional. La verdad duele, por supuesto, pero ya no podemos negar lo que tenemos ante los ojos. A continuación necesitamos eliminar el dolor que la verdad expone, y lo eliminamos con el perdón.

Perdonamos, no porque la otra persona necesite ser perdonada, sino porque nos queremos tanto a nosotros mismos que no queremos sentir dolor emocional cada vez que veamos a esa persona o nos acordemos de ella. El perdón limpia la herida emocional.

Y completamos la sanación mediante el amor a nosotros mismos. El amor a nosotros mismos hace que impidamos que se extienda cualquier otra infección por la misma herida. Con el tiempo habrá una cicatriz, pero ya no nos dolerá.

Soy verdad, al igual que tú eres verdad, del mismo modo que todo cuando puedes ver y tocar es verdad. Tan pronto como la verdad entra en tu mente, se convierte en una idea o una imagen, y —en último término—ninguna idea o imagen es verdad. Por ejemplo, yo puedo decir que soy un ser humano, por mucho que «humano», sencillamente, sea una palabra; y dado que estamos de acuerdo sobre el significado de la palabra «humano», todos asentimos con nuestras cabezas. De forma parecida, puedo decir que soy varón, que soy médico, que soy escritor, etcétera. Pero todas estas cosas no son más que palabras; no significan nada. No sé lo que soy, y no tengo interés en saber lo que soy, y esto es verdad.

Habrá conflictos en la mente hasta el día del juicio final, pero el día del juicio al que me refiero no es el mismo que el descrito por las religiones. Lo que yo llamo el juicio final es el día en que te juzgas a ti mismo por última vez. Porque, ese día, la guerra en el interior de tu mente ha terminado por fin. Comienza la paz, y es el principio de un sueño por completo nuevo que yo denomino el sueño de los maestros. Una vez que cesas de juzgar, te conviertes en maestro. Tal y como Jesús hizo en el desierto después de enfrentarse a Satán, o Buda al enfrentarse a Mara bajo el árbol de *bhodi*, entiendes que toda la raza humana es un solo ser vivo. Tan solo somos un único ser vivo, y no importa dónde nacimos o en qué religión creemos: somos exactamente lo mismo.

Todo cuanto ves no pasa de ser una ilusión. Todo el tiempo estamos soñando, y vivimos en nuestro propio relato. Existimos incluso en ausencia del relato y del cuerpo físico. La comprensión de todo esto te llevará a la libertad definitiva, porque comprenderás que lo que de verdad eres nunca morirá. Es eterno. Tu cuerpo físico perecerá, pero nada puede dañar a tu verdadero ser. Nada. Eres la propia Vida.

Cada vez que te tomas algo de forma personal, incluso lo que otra persona te hizo o dijo, estás suponiendo que todo tiene que ver contigo. El hábito de tomarse las cosas de forma personal va de la mano de la costumbre de hacer suposiciones, y ambas te sirven para asumir el papel de víctima. Tu importancia personal se multiplica cuando eres una víctima, porque en tu relato consideras que todo tiene que ver contigo. Cuando no te tomas las cosas personalmente ni haces suposiciones, te das cuenta de que no ncesitas ser una víctima, y entonces puedes ser libre. Nada de cuanto los demás hacen tiene que ver contigo, porque, de hecho, ni siquiera te conocen de verdad; tan solo conocen la imagen de ti que han creado en sus mentes.

Las personas pueden decir que te conocen bien, pero no es verdad. No te conocen en absoluto, pero, a la vez, tú tampoco las conoces. Únicamente conoces la opinión que tienes de ellas. Esto vale para todos a quienes tratas, entre los que se incluyen tus padres, tus hermanos y hermanas, tu pareja tan querida, tus hijos y, asombrosamente, tú también. La imagen que tienes de ti mismo tan solo es una imagen, y nada más. Es la forma en que quieres ser percibido por los demás, pero no resulta cierta. Finges ser lo que te gustaría ser delante de todo el mundo, incluso ante ti mismo. Cuando esta verdad te llegue al corazón, descubrirás que todo en lo que antes creías no es verdad.

Lo que hacemos en la vida —sea esto lo que sea— siempre empieza con el deseo de hacer algo; el deseo no es bueno o es malo, correcto o incorrecto, sino que es una simple motivación con la que contamos. Si somos capaces de entender esto, el deseo puede tener libertad para ir en distintas direcciones.

Hay cosas que te gustan, y cosas que no te gustan. Hay cosas que haces porque quieres hacerlas, y cosas que haces porque tienes que hacerlas. Cuando tienes un deseo, puedes disfrutar de él. Puedes cumplir tu deseo, o no. Es necesario pasar a la acción para cumplir un deseo, y puedes escoger entre pasar a la acción o abstenerte de hacerlo.

Cuando conocemos a alguien, casi nos falta tiempo para empezar a contarle nuestro relato entero, el relato de quién somos. Pensamos que dicho relato es muy importante, y real. Pero, cuando te das cuenta de que tan solo es un relato, ya no sientes la necesidad de contárselo a todo el mundo. Sabes que todos los demás también cuentan con sus propios relatos. Todos los relatos son perfectos, pero no pasan de ser relatos. La cosa más importante de todas es el momento presente.

La formación artística, o tolteca, no se centra en el aprendizaje. Más bien se centra en el desaprendizaje. Tenemos que desaprender todos esos hábitos que hacen tan difíciles nuestras vidas. En realidad, la vida es sencilla en extremo, y nosotros somos los que la convertimos en difícil. Hay tanto ejemplos al respecto que casi cualquier cosa puede constituir un ejemplo. Basta con encender el televisor para ver el sufrimiento que fabricamos y para entender que el sufrimiento es nuestra principal adicción. Todas las demás adicciones del ser humano surgen de nuestra adicción al sufrimiento.

Estoy aquí para compartir mi amor, y me siento inundado de alegría al hacerlo. Es lo que estoy haciendo aquí mismo, compartir mi amor con todos vosotros. Esta es mi verdad. A fin de compartir mi amor, utilizo el conocimiento para comunicar, para hacerte saber que hay una forma de vida basada en el amor.

Yo amo amar. Lo que me hace feliz es el amor que brota de mi interior. ¿Entiendes lo que estoy diciéndote? Puedes contar con diez personas que te quieren, o con cien personas que te quieren, o con mil personas que te quieren, y su amor no va a hacer que te sientas feliz. Lo que de veras va a hacerte feliz es el amor que brota de tu interior. Eso es lo que de verdad importa.

El miedo en realidad es el primer obstáculo en tu camino a convertirte en lo que de veras eres, y también es el más poderoso. Hasta que plantamos cara a nuestros miedos y salimos ganadores, el miedo nos tiene atrapados. Al reparar en este hecho, muchas personas asumen el punto de vista de la víctima, preguntándose: «¿Cómo voy a conseguir hacer tal cosa?», o diciendo: «No es posible; nunca voy a conseguir mis objetivos».

El miedo te lleva a rechazarte a ti mismo antes incluso de que todos los demás te rechacen. Desde la perspectiva de la víctima, resulta difícil encontrar el valor necesario para hacer frente al miedo. Pero, cuando te das cuenta de que el miedo tan solo existe en tu mente —en el relato que te has contado a ti mismo sobre la persona, la situación o lo que sea que provoque el miedo en tu mente—, entonces has encontrado tu poder y te conviertes en libre.

La verdad os hará libres. Es todo cuanto tenemos que saber, de hecho. Si sabemos la verdad, nos convertimos en libres. Si alguien dice «Esta es la verdad, créeme», en tal caso puedes estar seguro de que no se trata de la verdad. La verdad no puede ser expresada con palabras. Necesitas experimentarla. ¿Cómo vamos a experimentar la verdad? Por medio de la inspiración. Cuando nos sentimos inspirados, circunvalamos el conocimiento y, sencillamente, sabemos. Una vez que has circunvalado el conocimiento, comprendes que nosotros somos los que creamos el conocimiento. Somos los creadores del conocimiento. A través de la creación del conocimiento, creamos una imagen de la verdad, pero siempre has de tener claro que dicha imagen no es la verdad.

Con el tiempo nos damos cuenta, por medio del entendimiento, de que lo que aprendimos al crecer —sobre el mundo, sobre la vida, sobre nosotros mismos— no es exactamente cierto. Lo que no es ni bueno ni malo, ni correcto ni incorrecto; sencillamente, es lo que es. Llega el momento en que el cerebro es lo bastante maduro y empezamos a dudar, empezamos a poner en cuestión nuestras propias creencias. Tan solo entonces podemos comenzar a dar nuevas formas a aquello en lo que creemos, expandiendo la mente para que todo resulte posible.

Somos creadores natos, y una de nuestras principales creaciones es el lenguaje que hablamos. Empleamos dicho lenguaje para crear todo un relato. El relato puede ser increíblemente maravilloso o puede tratarse del más dramático de los relatos. Puede ser el cielo o el infierno, pero es nuestra creación. Es nuestra responsabilidad, y la de nadie más. Decidimos qué es lo que vemos, porque este es nuestro mundo. Razón por la que, cuando pido a una persona que por favor me ayude a cambiar el mundo, no estoy refiriéndome al Planeta Tierra. Estoy hablando del mundo que creamos en nuestra cabeza, por medio de nuestro relato.

El amor condicional está por todas partes. Lo vemos en la forma en que queremos a nuestros padres, en que queremos a nuestros hijos. Así lo indica el modo en que queremos a nuestros amigos, a nuestras parejas, el modo en que nos queremos a nosotros mismos. Es evidente en la manera en que amamos la naturaleza, y en la manera en que amamos a Dios. Los queremos a todos, cuando y si nos complacen. El amor condicional es tan normal en nuestra sociedad que, sencillamente, lo aceptamos sin rechistar. La mayoría de nosotros ni nos damos cuenta de que esto supone un problema. Nuestro compromiso con el amor condicional es el resultado de millares de años de práctica. A pesar de ello, existe el amor verdadero. El amor verdadero es el amor sin condiciones. Cuando dices: «Puedes hacer lo que quieras y ser quien quieras ser… Voy a quererte de todas formas». Este es el amor verdadero.

Eres el principal protagonista de tu propio relato, pero también eres un personaje secundario en los relatos de todos los demás. La aceptación de esta verdad no va a matarte…, más bien al contrario. Cuando te das cuenta de que toda persona tiene un relato propio protagonizado por ella misma, comprendes que tú no pasas de ser un personaje secundario, lo que supone un gran alivio. Su felicidad no es tu responsabilidad, sino que la responsabilidad es de ella. Entiendes que es imposible cambiar el relato de otros: tan solo ellos pueden hacerlo.

Las personas tienen el derecho de creer en aquello que creen. Son responsables de lo que dicen, de lo que entienden, de lo que hacen. No puedes hacer feliz a otros, porque no tienes ese poder. No puedes obligar a otros a cambiar nada. Recuerda: no tienes que tomarte como algo personal las decisiones que puedan tomar en su propio relato. No tenemos el derecho o el poder de controlar a otras personas; todo cuanto podemos hacer es respetar su derecho a crear su propio relato.

Cuando respetamos esta verdad, encontramos la paz interior y hacemos las paces con todos los demás de un modo que resulta maravilloso.

Cuando te resistes a las cosas, estás resistiéndote a la perfección que se da en la creación, a la perfección que es Dios. Motivo por el que es tan importante rendirse por completo a la vida. Cuando te rindes a la vida, no necesitas ir a un monasterio o a un *ashram* para encontrar a Dios. Encontrarás a Dios en tu trabajo diario, en tu matrimonio, en el cuidado de tus hijos, en el simple hecho de estar vivo. Todo esto es Dios, aquí, ahora mismo.

No puedo explicar con precisión quién o qué soy por medio del conocimiento, pero tengo claro que existo. Existo, estoy vivo, y la vida es eterna. El Ángel de la Muerte, de hecho, está enseñándonos a estar vivos, y a vivir como si este fuera el último día de nuestras vidas. Está claro que podemos hacer planes de futuro, siempre que recordemos que lo que tenemos planeado puede tener lugar o no. Lo que con certeza existe es el momento presente. Motivo por el que lo principal es disfrutar de la vida del mejor modo posible y no tener miedo a morir.

Sabes que la palabra *tolteca* significa «artista», de modo que, cuando hablo de los toltecas, en realidad estoy refiriéndome a la humanidad en su conjunto, porque todos somos artistas. La principal muestra artística que los seres humanos creamos es un relato, el relato de nosotros mismos, el relato de nuestra existencia. Este relato resulta completamente real para nosotros, y lo creamos a través de la palabra. El relato se convierte en tan importante para nosotros que terminamos por pensar que es todo nuestro ser. Es la razón por la que siempre digo: «Somos aquello en lo que creemos».

Acumulamos todo nuestro conocimiento mediante la palabra. Damos significado a toda palabra que usamos, y limitamos nuestro poder personal al hacer que siga siendo dependiente del conocimiento.

En último término, nunca vas a poder cambiarte lo suficiente para estar a la altura de los juicios y las opiniones de los demás. Es imposible. Los juicios son interminables y siempre están cambiando, por no hablar de que nunca vas a satisfacer la imagen que proyectan de ti. Si insistes en el intento, terminarás por juzgarte como un fracasado y dejarás de gustarte a ti mismo. Si estos juicios que diriges a tu propia persona se tornan lo bastante negativos, es hasta posible que trates de escapar de ti mismo recurriendo al alcohol, las drogas, la comida o las compras compulsivas, o cualquier cosa que te lleve a olvidar que no te gustas como eres. Así es como la aceptación de los juicios ajenos lleva al hábito de juzgarse a uno mismo. Para vencer este hábito es preciso que te quieras de forma incondicional. Es lo que espero y deseo para ti, que dejes de juzgarte y te quieras tal y como eres en este momento. Todo en este mundo es perfecto, incluso tú.

Cuando te ves a ti mismo como un artista, puedes asumir la responsabilidad de tu creación como artista. Lo que significa que puedes aprovechar la oportunidad de cambiar tu creación, si es que quieres cambiarla. Por otra parte, si no quieres cambiarla tienes todo el derecho a no cambiarla, porque se trata de tu creación.

Así es como respetas tu creación, lo que te brinda la libertad para respetar las creaciones de todos los demás. No tienes el derecho de cambiar la creación de otra persona; se trata de la prerrogativa de dicha persona. Por supuesto, vivir la vida como un artista exige práctica, y cuando practiques estos acuerdos toltecas cambiarán tu mundo por entero.

Mi madre, Sarita, aprendió nuestra tradición familiar, nuestro conocimiento tolteca, directamente de mi abuelo. La palabra *tolteca* significa «artista». Y, entre otras cosas, mi madre dominaba el arte de la sanación; con el tiempo se convirtió en una curandera. Sanó a muchas, muchísimas personas, y crecí viendo incontables milagros. Mi madre curó a personas ciegas, con epilepsia, con problemas cardiacos, y, por supuesto, trató muchos casos de problemas emocionales. Sarita era un ejemplo maravilloso del poder de la fe y de la importancia de advertir dónde ponemos nuestra fe. Cuando pasamos a la acción basándonos en nuestra fe en algo, dicha acción se manifiesta en el mundo.

Vivimos en un mundo que, en parte, está formado por mentiras. Estoy hablando del mundo que compartimos, del mundo que creamos. Para entender esto mejor, es preciso entender qué es una mentira. Una mentira es una distorsión de la verdad. Lo hemos distorsionado todo desde que éramos niños, porque percibimos con nuestras mentes, filtrándolo todo a través de nuestro conocimiento y agregando a lo que percibimos toda suerte de juicios y opiniones. De manera que cuando nos preguntamos qué es lo que está pasando en el mundo, quiénes somos o por qué estamos aquí, tenemos todo tipo de respuestas…, pero todas ellas están basadas en nuestras distorsiones. La única respuesta verdadera es: «No lo sé». Lo único que podemos decir con certeza es: «Todo cuanto sé es que existo».

Todo cuanto podamos decir más allá constituye una distorsión, porque, a fin de explicar en qué consiste la verdad, necesitamos usar palabras. Todo el lenguaje que conocemos (y da igual el idioma que hablemos) únicamente resulta cierto siempre que los demás estén de acuerdo con el significado de cada letra, cada palabra, cada frase. De modo que es relativo. Pero la auténtica verdad no es relativa, de forma que no puede ser expresada mediante palabras. Las palabras tan solo pueden distorsionar la verdad.

Los acuerdos toltecas son un espejo: reflejan tu verdadero yo, te muestran tal y como eres. Estos sencillos acuerdos van a cuestionar los acuerdos que antes hayas podido establecer, los causantes de todos los problemas y los sufrimientos en tu vida. Por ejemplo, es posible que te digas: «No soy lo bastante bello», pero ¿se trata de la verdad? ¿De veras no eres lo bastante bello? O es posible que te digas: «Soy un imbécil sin remedio», pero ¿de veras es cierto? Los acuerdos toltecas te aportarán el poder y la capacidad de poner en duda aquello que crees, y tus anteriores acuerdos empezarán a venirse abajo. Muchas personas encuentran que casi todo aquello en lo que creían no era verdaderamente cierto. Sencillamente, los juicios negativos sobre ti mismo que en su momento aceptaste distan de ser ciertos.

Me encanta *Una mente maravillosa*, una película sobre un hombre muy inteligente que ve a personas que en realidad no existen, o que tan solo existen en su mente. Dicen que es un esquizofrénico, pero la verdad es que todas las personas hacen lo mismo. Quizá no ven a personas, pero escuchan todo tipo de voces, unas voces que nadie más que ellos puede escuchar. Es lo que en la tradición tolteca llamamos *mitote*: un millar de voces que hablan en tu mente al mismo tiempo. Todas tienen sus juicios y opiniones, y todas reclaman tu atención a gritos.

En la película, cuando el protagonista se da cuenta de la verdad —de que estas personas tan solo existen en su mente—, su solución consiste en no creer en ellas. Se ve obligado a reforzar su voluntad y su disciplina, y a escoger no escucharlos. Pasado cierto tiempo, estas tres personas imaginarias guardan silencio y se quedan en un rincón.

Nuestra elección, en realidad, no es muy distinta. Escuchamos las voces del juicio y la crítica, pero, una vez que sabemos que no son reales, y que no tenemos que creer en lo que dicen, entonces dejan de afectarnos. La puesta en práctica de los acuerdos toltecas te ayuda a dudar de las voces en tu mente, y cuando dejas de creer en sus mentiras tu vida se convierte en algo extremadamente fácil.

Tan solo hay dos cosas que podemos decir y que son absolutamente ciertas.

Una es la muerte, porque todo cuerpo que existe termina por morir en un momento dado. Pero nosotros no somos estos cuerpos físicos.

La segunda es la vida. Y aunque no podemos ver la vida vemos el efecto de la vida, en el sentido del movimiento de toda la materia física.

Denegar la existencia de la vida supondría denegar nuestra propia existencia, y es evidente que la vida también es verdad. La vida es la energía que proporciona poder a la materia, y así es como la vida se refleja en la materia, creando el mundo de la ilusión, una copia de la realidad, porque únicamente la vida es real. Esta copia es lo que vemos en nuestra mente, y así es como creamos nuestro relato.

La verdadera iluminación consiste en ver la verdad tal y como es, en ver la humanidad tal y como es, en no denegar las cosas que tienen lugar. Hay violencia, hay guerra, hay injusticia; todo ello existe. No necesitamos presentar una imagen, o percibir nada más que lo que nos apetece percibir y denegar todo cuanto no queremos percibir. La iluminación sencillamente estriba en ver la luz, y no en dejarse afectar por la verdad. Lo que significa que no tienes por qué juzgar, tener una opinión; basta con que aceptes la realidad tal y como es. Si puedes cambiar algo, bien. Adelante, cámbialo. Pero necesitas ser lo bastante sabio para ver qué es lo que de veras puedes cambiar y qué es lo que nunca vas a poder cambiar.

Cuando lo haces todo del mejor modo posible, con el tiempo tiene lugar la transformación. Recuerda que el proceso de transformación no consiste en añadir más conocimiento a tu mente (ya tienes el suficiente), sino más bien en desaprender todo cuanto te programaron mientras crecías. Una vez que desaprendes esta programación, te liberas de todas las supersticiones, todo el fanatismo, todos los relatos y todos los miedos. Descubres que, en el mundo entero, las personas cuentan con distintas formas de creer, y que todas ellas son hermosas. Es un hermoso sueño. Ninguno de todos estos relatos es completamente veraz, pero dotan de propósito a quienes creen en ellos.

Mis enseñanzas son una invitación a que te liberes de tu pasado, de tus propias supersticiones y de tu propio fanatismo, a que vuelvas a la verdad de quien eres. Recuerda que tan solo tú tienes el control sobre ti mismo y aquello en lo que crees, nadie más. Ha llegado el momento de que dejes de asustarte a ti mismo.

El poder es un obstáculo para la libertad personal. El poder puede convertirse en un gran obstáculo, en una gran complicación…, sobre todo si te sientes impotente. Digamos que has seguido todas las normas que alguien estableció, ya fuera el gobierno, las gentes con dinero o quien fuese. Establecieron dichas normas y tenías que seguirlas, cosa que hiciste empujado por el miedo. Así es como aspiras a ser como los que establecen las normas, porque crees que quienes establecen las normas son personas con poder.

Puedes convertirte en un gran tirano, usando tu enorme poder contra aquellos menos poderosos que tú. Pero, siguiendo este sistema de pensamiento, siempre habrá alguien dotado de más poder que tú, de modo que te convertirás en su títere al obrar como un tirano para con quienes detentan menos poder que tú.

A fin de evitar la trampa del poder, tienes que ver que este tipo de poder nada significa, porque no es real. Una vez que te das cuenta de que no tienes poder sobre nadie, entonces nadie tiene poder sobre ti.

Todo cuanto percibimos es una realidad virtual que únicamente existe para nosotros. Nuestro cerebro es tan perfecto que crea un hermoso sueño, este relato maravilloso. Crea el relato de nuestra vida y todo el sueño del planeta.

Así, cuando apelo a ti y con gran humildad te pido que por favor me ayudes a cambiar el mundo, ahora puedes ver que no estoy hablando del mundo de la humanidad, del mundo que está «ahí fuera», sino de *tu* mundo personal, el único que de veras puedes transformar. Nadie más puede cambiar tu creación; tan solo tú puedes modificarla, porque fuiste el que la creó. Creas tu relato y vives en dicho relato. Y si, tal relato no te gusta, a nadie más puede gustarle en tu lugar. Eres el único que puede transformar la historia de tu vida; eres el único que puedes cambiar tu mundo.

Creo en los ángeles, porque la palabra *ángel* significa «mensajero», sin que nada tenga que ver con la religión. En nuestro planeta hay siete mil millones de ángeles. Nosotros los seres humanos somos mensajeros, de modo que todos somos ángeles. Esta es la prueba: desde que somos niños pequeños, recibimos y enviamos mensajes; siempre estamos en constante comunicación, dando y recibiendo. De modo que la cuestión es: ¿qué tipo de mensajero eres? ¿Cuál es el mensaje que transmites a las personas que dices querer? ¿Qué mensaje transmites a tu pareja? ¿A tu familia? ¿A tus hijos? Recuerda que los hijos aprenden, no ya solo a partir de lo que dices, sino también de lo que haces. Y que van a convertirse en una copia de ti. De manera que tu mensaje a ellos dirigido se encuentra en tus acciones.

Mientras crecías, estabas de acuerdo con muchas de las opiniones que las personas tenían sobre ti, muchos de sus juicios y muchos de los medios con que trataron de domesticarte. Incluso daba igual que las personas que tenían tales opiniones a esas alturas estuvieran muertas, pues habías adoptado sus ideas en tu mente. De modo que seguiste juzgándote a ti mismo cada vez que no lograbas estar a la altura de sus valores. Por supuesto, resulta imposible satisfacer dicha imagen, porque no es real, no pasa de ser un conjunto de ideas. Y, como no podías estar a la altura de esa imagen, dejaste de gustarte. Se trata de una situación en la que hoy se encuentran muchas personas del mundo entero.

Muchas personas me preguntan qué soy y, sinceramente, la verdad es que no tengo idea de qué soy, si bien tengo claro que estoy aquí y que estoy vivo. A fin de describir lo que soy, tengo que usar el conocimiento, y el conocimiento no es exactamente veraz. Es el medio por el que nos entendemos los unos a los otros. Puedo decir que soy un ser humano, un varón, un médico, un escritor, un chamán. Soy energía, espíritu, luz, lo que sea, pero todas estas cosas no pasan de ser palabras. La verdad es que de hecho no sé lo que soy, pero estoy aquí en este momento. Y lo mismo sucede con cada persona. Crees saber lo que eres, y empleas el conocimiento para decirte lo que eres. Construyes una imagen de ti mismo y a continuación la proyectas. Es posible que todos piensen que así es como eres, pero ¿de veras es cierto? ¿Puedes describir el poder que eres en realidad?

Toda tu historia está protagonizada por un personaje principal, y todas las cosas y todos los demás están vinculados al personaje principal de tu relato. Este protagonista es lo que tú crees ser, pero lo cierto es que no eres lo que crees ser. El personaje principal es una simple creación de tu conocimiento, una creación de tu mente, y no es real. Sé que parece ser real, que tienes la sensación de que es real, pero te prometo que se trata de una creación de tu mente. Dicho esto, el personaje principal puede ser generoso y agradecido, o puede ser iracundo y egoísta. Este protagonista crea todas las opiniones y todos los juicios sobre todas las cosas, y también es destinatario de todas las opiniones y los juicios ajenos. El personaje es el que habita dicho relato. Por consiguiente, la cuestión es: ¿quieres que el relato por ti creado te produzca sufrimientos o alegría? Tuya es la decisión.

Todas las personas pueden hacer lo que consideren que es mejor en este viaje por la vida. Pueden creer o no creer en lo que yo vaya a decir. Nunca voy a imponer mi punto de vista a otros. Si lo hiciera, estaría renunciando a *mi* libertad, y mi libertad resulta tan preciosa que no voy a renunciar a ella por nada o nadie en el mundo.

Sabes que los seres humanos están dominados por el conocimiento; así están las cosas a día de hoy. Es el motivo por el que, en el Sueño del Planeta, parecemos encontrarnos ante interminables ciclos de acción y reacción, acción y reacción. El hecho es que todo se encuentra en perfecto equilibrio, porque la vida es eterna. No podemos destruir la vida, por mucho que lo intentemos.

No vas a hacerte respetar exigiendo que te respeten; el respeto hay que ganárselo. No vas a ganártelo por medio de fanfarronadas o de muestras de poder; vas a ganártelo no dejándote intimidar por otros, absteniéndote del intento de controlar a otros, renunciando al uso del miedo para domesticar a otros con la idea de que se ajusten a tus propios puntos de vista. La verdad es que el único medio de hacerte respetar consiste en respetar a todos los demás. No vas a recibir cuanto no estás preparado para dar.

En las antiguas sociedades, como las desarrolladas en Egipto, Grecia, India, Persia y México, existían lo que hoy llamamos escuelas mistéricas o de misterios. Tales escuelas venían a ser comparables a nuestras universidades actuales. Como sabes, si quieres convertirte en médico, primero tienes que estudiar para aprender medicina. Puedes estudiar para convertirte en ingeniero, o lo que sea.

De modo que, en cierta forma, cada escuela es una escuela de misterios. Incluyendo las escuelas por las que tú mismo hayas podido pasar. Por ejemplo, cuando vas al parvulario, no sabes leer ni escribir en absoluto. La lectura y la escritura son misterios para ti. Lo mismo sucedió en primaria, en secundaria o en la universidad. La nueva información constituye un misterio.

Puedes ir más allá y ver que todo el Planeta Tierra es una escuela mistérica. Al nacer no sabías adónde estabas yendo a parar; se trataba de un gran misterio. Incluso hoy, la vida es un gran misterio. Cada vez que crees saber algo, en realidad no lo sabes.

En cierto momento de mi vida me di cuenta de que tan solo existe un único ser, y que está vivo. Toda la creación se reduce a un solo ser —formado por miles de millones de universos—, y dicho ser está vivo. Por consiguiente, podemos decir que todas las cosas, de hecho, proceden de un mismo lugar, que yo denomino «Poder Total». Este Poder Total, sencillamente, es energía potencial, pero tan pronto como pasas a la acción dicho poder empieza a transformarse, pues ahora se encuentra en movimiento. Empieza a transformarse y a cambiar de direcciones, y comienza la creación: el poder empieza a crear materia. *El poder en acción crea la materia.* Si lo miras un momento con detenimiento, verás que es lo que constantemente tiene lugar a tu alrededor.

Hay una guerra en tu cabeza. Es probable que en algún momento de la vida creyeras que esta guerra tenía lugar entre el bien y el mal, pero el verdadero conflicto se da entre la verdad y las mentiras. Cuando crees en las mentiras, el resultado es el mal en distintos grados, dependiendo de lo muy apegado que estés a tus propias mentiras. Cuando crees en la verdad, el resultado siempre es el bien. Puedes detectar las mentiras porque son las creencias que te causan sufrimiento: celos, envidia, resentimientos, ira, etcétera. Mentiras que se asientan cuando no te das cuenta de la verdad, y hay una forma de encontrar la verdad: a través de los acuerdos toltecas. De modo que, cuando estés sufriendo, pregúntate qué acuerdo puede ayudarte a volver a la verdad. Y cuando lleves tal acuerdo a la práctica el resultado será el bien.

El relato de nuestras vidas siempre está cambiando, porque nunca vemos el mundo de forma idéntica momento a momento. En mi propio caso, cuando tenía diez años de edad veía el mundo de manera completamente distinta a cuando tenía veinte, o a cuando tuve mis hijos, o a cuando tuve un accidente de circulación. El modo en que contemplas el mundo siempre está cambiando; nunca es el mismo. Resulta importante comprender que todo el relato de tu vida no pasa de ser un relato, y que tú has sido el creador de dicho relato. Cuando así lo comprendes, puedes preguntarte: «¿Qué aspecto quiero que tenga mi relato a partir de ahora?»

Los seres humanos son los únicos animales del planeta que se domestican a sí mismos. Pero, a fin de que te domestiques a ti mismo, otros tienen que domesticarte antes. El momento en que estás de acuerdo con ellos es el momento en que ya no necesitas que ningún otro te domestique, porque ya puedes hacerlo tú solo. A tu vez, harás lo posible por domesticar de la misma forma a todos cuantos te rodean, y así es como crece el problema de la domesticación. La herramienta primordial para la domesticación es el amor condicional: «Voy a quererte si haces esto o lo otro». Convienes en hacerlo, y con el tiempo te dices exactamente esta misma frase a ti mismo.

Cuando adviertes que el mundo es virtual y no real, nunca está de más disfrutar de tu realidad virtual. Lo que te permite seguir adelante con tu sueño de todos los días y efectuar elecciones personales más meditadas, porque tienes claro que tu relato es tu creación y tan solo resulta cierto para ti. A la vez, hay millones de personas que hacen exactamente lo mismo, si bien en su mayor parte no se dan cuenta de que esto es lo que están haciendo. Están plenamente convencidos de que aquello que hacen —sea lo que sea— es relevante y absolutamente real, pero, como tú te has dado cuenta, no vas a reaccionar del modo en que todos esperan que reacciones. Cuando no te tomas las cosas de forma personal dejas de reaccionar de forma soliviantada, porque te das cuenta de que los demás están perdidos en su propio sueño.

Cuando aprendemos un lenguaje, en realidad estamos aprendiendo símbolos, unos símbolos a los que conferimos significados. El conocimiento sustituye a la verdad cuando ponemos todo el poder de nuestra fe en la creación de tales símbolos. La fe es creer en algo sin la menor duda. El conocimiento se hace con nuestras mentes cuando tenemos absoluta fe en todo cuanto conocemos.

Si logramos recordar que todo cuanto sabemos tan solo es cierto porque estamos de acuerdo en ello, entonces descubrimos que el conocimiento nunca es cierto de veras, que el conocimiento únicamente es cierto para los seres humanos que están de acuerdo en el significado. La auténtica verdad existía mucho antes de la creación del conocimiento humano, y seguirá existiendo mucho después de la extinción de la humanidad. No necesita que nadie crea en ella.

No hay modo de explicar la verdad. Usamos el lenguaje para tratar de explicar la verdad, y podemos acercarnos mucho, pero la única forma de llegar a la verdad consiste en experimentar la verdad.

La vida mueve manifestaciones enteras, creaciones enteras. Es el gran fenómeno que comprendí aquella noche en el desierto; tan solo existe un ser, y está vivo. La vida no muere. Dado que todos somos la propia Vida, existimos mucho antes de nuestra concepción. Y continuaremos existiendo largo tiempo después de que este cuerpo físico muera, porque lo que somos no puede resultar destruido.

Tolteca no pasa de ser una simple palabra. En el idioma náhuatl significa «artista». De modo que, cuando estoy hablando de la sabiduría tolteca, en realidad estoy hablando de la sabiduría del artista, y en este nuestro hermoso Planeta Tierra hay siete mil millones de artistas. Quizá no sepan que son artistas, pero cada una de las personas crea una obra maestra del arte que es el relato de su vida. Cada una de ellas crea el personaje principal de su relato, crea numerosos personajes secundarios y crea todas las normas que rigen dicho relato.

En mi relato, el personaje principal es Miguel Ruiz. Todo en este relato tiene que ver con Miguel: la forma en que Miguel anda, el modo en que Miguel habla, la manera en que Miguel cree, las opiniones de Miguel, cómo Miguel lo percibe todo, si Miguel lo entiende todo o no… El caso es que todo tiene que ver con Miguel. Durante largo tiempo creí que yo era Miguel. Podía jurar por mi vida que Miguel era yo, y así fue como se convirtió en mi identidad. Todos me conocían como Miguel. Pero, al igual que tú, yo ni siquiera escogí mi nombre. Mis padres lo eligieron por mí, y al crecer me mostré de acuerdo con dicho nombre y me transformé en Miguel. Creé esa imagen de Miguel con ayuda de las personas que vivían en mi derredor. Hoy sé que todo esto no es verdad. No sé lo que soy. Miguel únicamente es el protagonista del relato, y el relato es hermoso, porque todos los relatos lo son.

No vas a poder cambiar el planeta de veras si primero no te cambias a ti mismo. Sí, puedes cambiar algunas cosas, por supuesto, en función de tu conocimiento, en función de tus creencias; pero tu ayuda no podrá pasar de dichos límites, y el cambio no será duradero. Si de veras quieres cambiar el mundo, primero tienes que cambiar tu propio mundo, el mundo que tú creas. Lo que significa que tienes que encontrar la libertad en tu interior, en lugar de buscarla en el exterior. En el exterior, las personas pondrán barreras y obstáculos para dificultarte el cambio, pero las mayores barreras son las que tú mismo sitúas.

Al nacer no teníamos conocimiento, nada sabíamos. Pero, a medida que fuimos creciendo y tratamos de comprender nuestro mundo, nuestro conocimiento creció y creció hasta que, con el tiempo, el conocimiento se hizo con el control de nuestras mentes. Una vez que has derrotado al conocimiento, no es cuestión de pensar que nunca más vas a usarlo. De hecho, lo que sucede es lo contrario. Ahora vas a usar el conocimiento, en lugar de dejar que sea el conocimiento el que te utilice a ti. Lo que significa que vas a escuchar con escepticismo lo que otros te dicen, y también al escuchar lo que te dicen las voces situadas en tu propia mente. Una vez te has dado cuenta, puedes discernir estas cosas y decidir qué resulta cierto para ti. De esta manera controlas el conocimiento, y el conocimiento te obedece, y no a la inversa.

A medida que crecemos y nuestra atención se ve atraída por otros en el Sueño del Planeta, creamos una identidad basada en lo que todos los demás piensan sobre nosotros. Queremos complacer a todos, pero, por supuesto, eso es imposible. Todo el mundo nos percibe de forma completamente distinta. Nos percibimos a nosotros mismos de maneras diferentes. Puedes ver los conflictos que surgirán cuando intentes ser lo que otros quieren que seas. En lugar de tratar de crear una identidad, libérate de todas las identidades, sencillamente. Es lo que llamo ser auténtico.

Después de haber sufrido un paro cardiaco tenía dolores constantes. El dolor se prolongaba el día entero, día tras día, pero no pasaba nada. El dolor no es una razón para sufrir. Sí que puede suponer una gran excusa, claro, pero no es una verdadera razón para sufrir. Lo que importa es aquello en lo que pongo mi atención. De manera que concentré mi atención en todas las cosas que me encanta hacer y que podía hacer. No quería concentrar mi atención en el dolor, o en cuanto no podía hacer. Tan solo ponía mi atención en las cosas que podía hacer, y pasaba a la acción ateniéndome a ellas.

A continuación, tan pronto como mi cuerpo estuvo un poco más fuerte, comencé a enseñar otra vez. Y, cuando mi cuerpo estuvo un poquito más fuerte, de nuevo empecé a llevar a personas a Teotihuacán. Comencé a llevar una vida más normal, a pesar de las dificultades. Estaba disfrutando de mi vida, y todo empezó al concentrar mi atención en lo que me encantaba hacer, y no en el dolor que estaba experimentando.

La celebración del amor resulta fácil en extremo. Nacimos para amar y el amor es nuestro destino, porque eso es lo que somos. El amor es el medio por el que lo creamos todo. Sin embargo, cuando el miedo atrapa nuestra atención nos entra el miedo de expresar el amor que en verdad somos. Suelo decir que todos somos unas fábricas de amor sin tener conciencia de ello.

Lo que te hace feliz es el amor que brota de tu ser, y no el hecho de que otros te amen. El simple hecho de que ames no implica que tengas que esperar que los demás te amen a cambio. No necesitan quererte, y tú no necesitas su amor, porque *eres* amor. Hay muchas personas que vagan por el mundo en busca del amor, suplicando el amor, porque creen que no tienen amor, pero eso no es verdad.

Tu cuerpo es simple materia; es incapaz de moverse si la fuerza de la vida no está ahí para moverlo. La fuerza que mueve tu cuerpo es la misma fuerza de la vida que mueve el mío. La separación que percibes entre tu cuerpo y el mío ni siquiera es real. Si te fijas, tus pies están en el suelo y mis pies están en el suelo; todos estamos conectados por medio de la tierra. A la vez, entre tú yo hay aire, y el aire que respiras es el mismo aire que yo respiro. Los sonidos que escuchas son los sonidos que escucho. De modo que estamos conectados; lo que pasa es que no vemos la conexión. Tu cuerpo está conectado al mío de una forma u otra, y el conocimiento es el único responsable de que exista la idea de separación.

Cuando te conviertas en maestro, te darás cuenta. El proceso es comparable a cuando buscas algo, sin saber bien de qué se trata, hasta que lo encuentras. Lo encuentras, y ahora eres un maestro.

Empieza por practicar con las herramientas, pues la práctica te convierte en maestro. Practica con las herramientas hasta que su funcionamiento te resulte automático. En su momento dominaste la ira y los celos de la misma manera: estuviste practicándolos durante tantos años que tu reacción de ira o celos resultaba automática en determinadas situaciones. Ahora vas a practicar con la felicidad, la forma de vida del artista; con el tiempo se convertirá en automática, y te convertirás en el maestro.

En el momento de nacer carecías de conocimiento. La sociedad tenía todo el conocimiento, y la sociedad se hizo con toda tu atención y descargó en ti todo cuanto sabes —tu lenguaje, tus creencias, todo—, y tú estuviste de acuerdo. De niño querías ser como los adultos, por lo que pretendías ser como ellos. Si te acuerdas, cuando jugabas «a ser mayor», tu rostro hermoso y sonriente adoptaba una expresión de gran seriedad mientras fingías tener todos los problemas de los adultos, porque era lo que habías observado y aprendido de ellos. Luego creciste y te volviste justamente como ellos, de forma que ya no necesitabas fingir. Así fue como aprendiste a sufrir.

En el seno de la sociedad muchas veces se habla de problemas «domésticos», lo que en realidad significa que una persona quiere domesticar a otra. El que tiene más poder lo impondrá al que tiene menos poder. Las personas constantemente están tratando de domesticarse las unas a las otras. Es el principal problema de la sociedad.

Hemos aprendido a amar del modo incorrecto. A través del método de la domesticación. Hemos aprendido a amar bajo condiciones. Pero el amor de este tipo es lo opuesto del verdadero amor, porque está basado en el miedo. Voy a quererte *si* me dejas controlarte. Voy a quererte *si* dejas que te domestique. Si haces mi voluntad, podemos ser muy felices. Si vistes como quiero que vistas, si hablas como quiero que hables, si no me dejas en mal lugar, entonces está claro que voy a quererte.

También nos queremos a nosotros mismos bajo condiciones. Voy a quererme *si* consigo esto o lo otro. Si no lo consigo, entonces voy a rechazarme a mí mismo. Esta es la fuente de todos nuestros problemas.

Las personas quieren creer que hay algo —un poder de algún tipo— que crea todo cuanto existe. Tienen razón, por supuesto, dicho poder existe, pero no hay un nombre para él. Yo lo llamo Vida. La Vida es la fuerza que lo mueve todo y crea toda la materia que percibes, así como toda la materia que no puedes percibir. El hecho es que tan solo hay una única fuerza. Todo cuanto existe es un único ser, y está vivo. Motivo por el que yo digo: «somos Vida». El intelecto lo entiende y lo convierte en conocimiento, pero no pasa de expresarlo con palabras. Podemos llamar Dios a esta fuerza, o podemos llamarla verdad, pero estas son simples palabras.

Aquello que practicas termina por manifestarse en la vida. Al crecer absorbemos toda suerte de ideas y opiniones, y lo que practicamos es lo que terminamos por dominar. Puedes dominar y convertirte en un maestro de la ira, un maestro del juicio, un maestro de los celos, o puedes llevar a la práctica los acuerdos toltecas. Tuya es la elección.

Nuestra verdadera maestra no es otra que la Vida. La Vida es lo que hace que todo tenga lugar a nuestro alrededor; la Vida dirige cada acontecimiento preciso que sucede en derredor. La Vida también está dentro de nuestro interior. Es ese poder, la fuerza que mueve cada uno de los átomos de nuestro cuerpo, cada uno de los electrones, la fuerza que flexiona cada uno de nuestros tejidos. La Vida es aprender de la vida, la vida en nuestro interior y la vida en el exterior. Y, cuando finalmente dominas los acuerdos toltecas, estás alineándote con la Vida. El interior y el exterior se encuentran en armonía.

La forma de vida tolteca no es más que sentido común. Es la forma de vida propia de un artista. Creamos un relato, que tan solo es cierto para nosotros y para nadie más, y dicho relato es nuestro arte. Incluso la existencia más miserable es una obra maestra del arte, y si nos damos cuenta, podemos cambiar el relato entero y mejorarlo de forma notable. Nadie más que nosotros mismos puede hacerlo; somos los únicos que podemos modificar el relato de nuestra vida, porque nosotros lo hemos creado. Vivimos dicho relato y, si nos gusta tal relato, somos los únicos que podemos transformarlo. Podemos complicarlo o podemos hacer que sea muy fácil y sencillo. Todo depende de nosotros.

Si quieres cambiar tu mundo porque tu vida no te hace feliz, recuerda que nunca vas a cambiarlo por medio del intento de cambiar a todos los demás. No tiene sentido tratar de cambiar a tu madre, tu padre, tu pareja, tus hijos o cualquier otra persona que conozcas; no van a cambiar simplemente porque tú quieras. La única forma de transformar tu relato consiste en cambiar al protagonista del relato, que eres tú. Es el único camino. Cambias lo que piensas sobre ti mismo, y todo a tu alrededor comienza a cambiar. Se diría que por arte de magia, ¡bum! Cuando ello sucede, no significa que las cosas o las personas en tu derredor hayan cambiado. Lo que ha cambiado es lo que tú *piensas* sobre ellos. Todo esto empieza mediante la transformación de lo que tú piensas sobre ti mismo. Si lo comprendes, encontrarás la verdad que te hará libre.

Cuando entiendes que creamos nuestros propios relatos te das cuenta de por qué no tiene sentido tomarse las cosas de forma personal. Vivimos en un mundo creado por nosotros mismos, y todos quienes nos rodean son personajes secundarios en nuestro relato. Esto vale para todas las demás personas: son los centros de los universos por ellos creados, y tú no pasas de ser un personaje secundario. Una vez que te has dado cuenta, comprendes que todo cuanto la otra persona hace tiene origen en la perspectiva de su propio relato, y nada tiene que ver contigo. En otras palabras, no se trata de algo personal.

Mis padres me llamaron Miguel: Miguel Angel Ruiz. Estuve de acuerdo, y así es como me identifico allí donde voy. Pero ¿es lo que verdaderamente soy? No, claro que no. Lo que soy no puede ser expresado con palabras. El nombre por el que respondes, ¿de veras eres tú?

Cuando la gente me pregunta: «Miguel, ¿y tú quién eres?», puedo responder cosas como: «Soy padre, soy cirujano, soy escritor» y contarles todos los detalles sobre el protagonista del relato de Miguel Ruiz. Pero ¿todo esto qué tiene que ver con la verdad? Lo cierto es que no tengo idea de lo que soy. Y cuando digo que no tengo idea de lo que soy, el equivalente sería un perro que no sabe que es un perro, o un gato que no sabe que es un gato. Les damos el nombre de perros y gatos, pero ellos no saben lo que son, y no les importa. Sencillamente, existen. Pero a nosotros sí que nos importa.

«Bueno, soy un ser humano», decimos, «y soy la cumbre de la creación.» Lo que es una tontería.

Siempre aconsejo a las personas: «No creas en ti mismo». Y me miran, confusos. Lo digo porque, en el caso de muchas de ellas, la voz en su mente dice: «Eres gordo, eres feo, eres imbécil», y ninguna de todas estas cosas es verdad. Estás mintiéndote a ti mismo.

Resulta importante dejar de creer en tu propia voz. Reconocer que has sido programado desde el nacimiento para que te gusten algunas cosas y te disgusten otras más, hasta que la voz en tu cabeza se ve abrumada por unas ideas que ni siquiera son las tuyas. Has creado un nuevo sistema de creencias fundamentado en las ideas de otras personas, y no tenías defensa contra todos aquellos conocimientos o creencias que de pequeño te inculcaron. Así que empiezas por dejar de creer en dicha voz, la que reside en tu interior, y después puedes descubrir qué resulta verdaderamente cierto para ti.

Una vez que te respetas a ti mismo, entonces gozas de paz absoluta, pues también vas a respetar a todos quienes te rodean. Sabes que las personas viven sumidas en su propio sueño, y no necesitas en absoluto sacarlos de ese sueño que tienen. Los respetas. Siempre puedes transmitir tu mensaje, y el mensaje no es otro que el amor. Si comprendes todo esto comprendes a Buda, a Moisés, a Cristo, a Krisna y a cualquier otro maestro, porque eso fue exactamente lo que hicieron.

Creas tu propio relato y vives en dicho relato, tan convincente que ni te das cuenta de que se trata de un relato creado por ti. En el relato incluyes a otras personas como personajes secundarios, y entre ellas se cuentan todas las que conoces, pues todas forman parte de tu relato. Pero la persona más importante en tu creación es el protagonista, y dicho protagonista eres tú. Creas al personaje principal de tu propio relato, y todo el relato tiene que ver contigo. En mi relato, el protagonista es Miguel Ruiz. Pero no pasa de ser un personaje. No es real, y no es verídico. Todo mi relato gira en torno a Miguel Ruiz: cómo Miguel percibe las cosas, lo que Miguel piensa sobre todo cuanto percibe. Pero tan solo se trata de su punto de vista, y ese punto de vista cambia de forma constante, tal y como sucede en tu propio relato.

Mediante el uso del conocimiento —esto es, el lenguaje que hablamos— distorsionamos la verdad. Decimos que algo es bueno o malo, correcto o incorrecto, y lo juzgamos todo, y la verdad en ese momento se convierte en una mentira. No existe ni lo bueno ni lo malo, como tampoco existe lo correcto o lo incorrecto. No, estos juicios constituyen una distorsión, y todos los seres humanos tiene una imagen de la verdad distorsionada por todas las opiniones que han aprendido. Si no nos damos cuenta de este hecho, nuestras opiniones se tornan tan fuertes que terminan por dirigir nuestra vida, y todo cuanto vemos es distorsión.

La fuerza que crea nuestro verdadero relato es la propia vida. La vida es la fuerza que mueve la materia, y la fuerza que mueve la materia es lo que somos en realidad, porque todos somos la propia vida. Por supuesto, esta fuerza de la vida es la energía. También puedes llamarla Dios, si quieres, o puedes llamarla verdad, pero se trata de energía.

Si recuerdas las clases de ciencia en la escuela, la energía no se destruye —tan solo se transforma—, de modo que todos estamos en continua transformación. La vida constantemente está moviendo la materia, y al hacerlo encuentra su reflejo en la materia. Dicho reflejo es el modo en que creamos el relato de nuestra vida, o el reflejo de la verdad.

Un perro no sabe que es un perro, y un gato no sabe que es un gato. Nos damos el nombre de seres humanos, pero lo de «humano» es un simple acuerdo, una convención. Todo cuanto la mente sabe es el resultado de estar de acuerdo con todos quienes no rodean sobre el significado de las cosas. Cada palabra no pasa de ser un símbolo, y estamos de acuerdo con el significado de dicho símbolo a fin de aprender un idioma. Es necesario un largo tiempo, años enteros. No sé si te habrás fijado, pero tan solo eres capaz de pensar en el idioma que hablas. Únicamente puedes soñar en el idioma que hablas, lo que significa que todo cuanto aprendemos tan solo resulta cierto porque estamos de acuerdo en el significado, no porque sea verdaderamente cierto.

Creamos al protagonista de nuestro relato, y el protagonista tiene miedo a lo desconocido, pero la propia vida es lo desconocido. Todo cuanto podemos decir con seguridad es que la vida es la fuerza que mueve la materia. Podemos llamarla Dios, o energía; no importa qué nombre le demos. Esto es lo que somos en realidad. Esta energía mueve nuestros cuerpos, mueve las estrellas, abre las flores y hace que la tierra gire en torno al sol.

En la realidad virtual que es nuestra mente, el protagonista tiene miedo a esta fuerza desconocida. Hemos creado unos relatos pavorosos sobre cosas que no comprendemos; creemos que son ciertos. La auténtica verdad es que no hay nada que temer, nunca.

Cuando te das cuenta de que no conoces a nadie, y que nadie te conoce de veras —las personas tan solo reaccionan a la imagen que tienen de todos los demás, y hasta de ellas mismas—, dejas de tomarte las cosas personalmente. Podríamos decir que ahora gozas de inmunidad. Como resultado, ni siquiera finges saber por qué hacen lo que hacen, pues es imposible. No solo eso, sino que ya no los juzgas, pues no sabes por qué hacen lo que hacen. Simplemente, los aceptas tal y como son.

Al hablar contigo en este mismo momento, en realidad estoy hablando conmigo mismo, porque yo soy tú. Soy cada una de las personas que está escuchándome o leyendo estas palabras que escribo, y tal es la razón por la que os quiero a todos. Lo que me hace feliz no es que me queráis, sino el hecho de quereros a todos. El amor que brota de mi interior hace que este cuerpo físico se sienta completamente feliz. Ese amor soy yo saliendo al exterior. Me pongo a mí mismo en mis libros y, a continuación, quienquiera que lea esos libros se adentra a fondo en la forma de vida de Miguel, y en el propio Miguel, porque todo resulta auténtico. No estoy fingiendo ser esto o aquello. ¿Cómo puedo fingir cuando ni siquiera sé lo que soy? Únicamente sé *que* soy.

¿Cómo cambias tu mundo? El primer paso estriba en darte cuenta de que tú eres quien crea tu propio mundo, y que, dado que eres el creador de tu propio mundo, este es tu responsabilidad. Nadie más es responsable de tu creación. Es fundamental recordar este último punto. Eres completamente responsable de tu creación. Eso sí, en tu creación se da el conflicto. La mayoría de las religiones, filosofías e historias dicen que este conflicto tiene lugar entre el bien y el mal, pero no es verdad. El conflicto entre el bien y el mal es el resultado del auténtico conflicto que se produce en la mente humana: el conflicto entre la verdad y las mentiras. Cambias tu mundo al creer en la verdad y pasar a la acción basada en esta verdad.

Las creencias son ideas en nuestra mente, y nada más. Todas las personas son libres de creer en aquello que quieren creer; no estoy aquí para imponer unas creencias a los demás. Tan solo percibo el mundo entero desde mi propio punto de vista, de manera que lo que veo resulta cierto para mí, pero no necesariamente es cierto para los demás. Como sé todo esto, no hago juicios sobre quien aspira a ser rico ni sobre aquellos políticos que aspiran a controlar a la gente. No hago juicios sobre ninguna de estas cosas, porque si las contemplas desde una perspectiva más elevada, ves el equilibrio perfecto del mundo y adviertes que todo es perfecto. Todas las cosas se encuentran en evolución. Cuando te percibes como un individuo, todo se transforma y se desplaza. Y entonces puedes ver que el miedo te rodea por todas partes.

Vemos los diversos problemas que hay en el mundo, y nada tiene de malo tratar de ayudar a resolver tales problemas, siempre que recuerdes que no son tus problemas. Ningún problema es tu problema, así que no te lo tomes de forma personal. Estoy hablando de todos los problemas, incluyendo los que consideras que *son* tuyos. No lo son. Una vez recuerdes esto, sencillamente, haz lo que puedas y tendrás claro que cualquier resultado será perfecto. El resultado no depende de ti.

P uedes decirte que vivimos en una época muy interesante, pero, por supuesto, esto siempre es verdad, porque cada uno de todos los días resulta muy especial. Tu forma de ver el mundo depende de tu sueño personal. En otras palabras, puedes verlo desde un punto de vista muy elevado o desde un punto de vista inferior. Desde este último punto de vista, se diría que estamos viviendo en una época de grandes complicaciones y grandes crisis, en la que pasan muchas cosas que no tendrían que pasar. Desde un punto de vista más elevado, puedes ver todos los hermosos seres vivos que residen en el Planeta Tierra. Si bien constantemente están teniendo lugar toda suerte de acontecimientos, dichos acontecimientos no pueden hacer mella en nuestra verdadera humanidad. Todo es hermoso y perfecto y está en constante evolución, siempre.

Cuando dejas de juzgar a todas las personas y todas las cosas que te rodean, incluyendo a tus padres, tus maestros, tu gobierno y a Dios, entonces has llegado a lo que llamamos el último juicio. Lo que quiere decir que es la última vez que te juzgas a ti mismo. Cuando esto sucede, la guerra en tu interior ha terminado para siempre. Es el final de tu relato y el comienzo de un nuevo ordenamiento mundial, de un mundo de paz y alegría en tu interior. Se trata del Mundo del maestro.

Si te acuerdas de la historia de la Biblia sobre Jesús en el desierto, donde hace frente a las tentaciones de Satán a lo largo de cuarenta días, te das cuenta de que Satán en realidad es el conocimiento de Jesús. El último día deja de juzgarse a sí mismo y, una vez hecho el último juicio, Satán desaparece. Jesús se convierte en el Cristo, lo que significa que se convierte en el maestro. Comienza a compartir cuanto sabe con todos aquellos que quieran escucharlo.

Esta misma idea es aplicable a Buda sentado bajo la higuera, cuando se enfrenta a Mara, otra versión de Satán. Buda toca la tierra con la mano y dice a Mara: «La tierra es mi testigo de que no eres real. No eres más que una ilusión. Eres mi reflejo». Dicho esto, Mara desaparece. Y Siddhartha se convierte en Buda, el maestro.

¿Cómo creaste al protagonista de tu relato? Bueno, de una forma bastante sencilla: todo comenzó con las opiniones de quienes te rodeaban. Desde la niñez, todos han estado diciéndote quién eres, qué eres, incluso te han dado un nombre. Para ti fue un gran esfuerzo tratar de complacer a todos los que te rodeaban: a tus padres, a tus familiares, a tus amigos y, después, a tus maestros en la escuela. Sin darte cuenta, te ajustaste a sus expectativas de que fueras quien y lo que ellos te decían, y eso se ha convertido en tu identidad.

Podemos decir que el Planeta Tierra es un ser vivo que siempre está en evolución, y que la humanidad es una simple parte del planeta. La humanidad es un órgano del Planeta Tierra, junto con los animales, los bosques y los mares. Cada especie individual es un órgano del Planeta Tierra. La humanidad se compone de más de siete mil millones de seres vivos, y todos somos uno. Con esta perspectiva, podemos contemplar la evolución de la humanidad como parte de la evolución del Planeta Tierra. En los momentos de crisis, la humanidad cambia a fin de traer algo nuevo al mundo, a fin de crear algo nuevo y vivo. Después de tales cambios, podemos decir que hemos llegado a otra época de estabilidad. Esto tiene lugar en todo momento, por medio de ciclos, y forma parte del crecimiento general del organismo que es este hermoso planeta.

No tenemos la menor idea de lo que somos en realidad, pero una cosa está clara: no somos lo que creemos ser. El protagonista de nuestro relato tiene miedo a lo desconocido. El protagonista teme todo cuando la mente no conoce, todo cuanto la mente no comprende. El protagonista tiene especial miedo de morir, porque la mente desconoce qué es la muerte.

El cuerpo físico ha estado muerto desde el momento de la concepción. El cuerpo es materia, y tiene un principio y un final, pero la Vida, la fuerza que mueve la materia, es inmortal y no puede ser destruida. El error primordial que cometemos es el de creer que somos nuestro cuerpo físico. Motivo por el que tenemos miedo de morir.

Carecemos de conocimiento en el momento de nacer. El conocimiento llega después, cuando nuestros padres controlan nuestra atención y nos enseñan los sonidos que repetimos y que con el tiempo llegamos a dominar. Llegados a cierto punto de nuestro desarrollo temprano, algo espectacular tiene lugar: empezamos a hablar con nosotros mismos. Conversamos con nosotros mismos por medio de una voz que nadie más oye. Es lo que llamamos pensamiento. Por medio de este pensamiento creamos un relato en nuestras cabezas, y comenzamos a hacer suposiciones. Pero este proceso va en detrimento de la toma de conciencia. Vivimos en nuestras mentes, en lugar de experimentar el momento presente. De este modo olvidamos que todas las cosas que vemos tienen mucho más de mágicas que los acuerdos que hemos establecido sobre ellas. La magia tiene lugar delante de nuestras mismas narices, en todo momento.

Las relaciones personales pueden ser verdaderamente placenteras, bonitas y maravillosas, siempre que recuerdes que todo lo que empieza termina más tarde o más temprano. Las relaciones nacen y mueren. Todo tipo de relaciones, no tan solo las de naturaleza romántica. Todo cuanto tiene un principio va a tener un final. Todo es provisional. La única verdad está aquí y ahora, y aquí y ahora estás con el amor de tu vida: tú. La misma relación que tienes con tu cuerpo físico terminará por acabar: será lo último en desaparecer. Cuando tu cuerpo desaparece, la vida sigue existiendo, aquí y ahora. Eres vida, y eres eterno.

A medida que crecíamos, la verdad se vio distorsionada en función de las opiniones de las personas que vivían a nuestro alrededor: nuestros padres, nuestros educadores, nuestra religión y la sociedad. Como resultado, hemos pasado nuestras vidas enteras tratando de estar a la altura de las opiniones de estas otras personas, lo que muchas veces nos ha llevado a hacer cosas que iban contra nuestra integridad. Todo esto constituye la base de la domesticación humana, y es fundamental darse cuenta de ello, si lo que quieres es ponerle fin. Cuando entiendes que las opiniones ajenas distan de ser hechos, entonces puedes liberarte de tu propia domesticación.

Cuando tuve el accidente de tráfico que transformó mi vida, vi la totalidad del accidente como si estuviera teniendo lugar a cámara lenta. Vi mi cuerpo inconsciente y supe que el cerebro estaba inconsciente. Me daba cuenta de que mi coche estaba por completo destrozado, pero que mi cuerpo estaba a salvo por entero.

Cuando al día siguiente desperté en el hospital, me fue imposible ignorar esta experiencia o negar que había tenido lugar. Ahora sabía que yo no era mi cuerpo. La gente me pregunta si les resultaría posible experimentar dicha experiencia. La respuesta es afirmativa. Cuando renuncias a todo, te liberas de todo y te rindes por completo, entonces te encontrarás fuera de tu cuerpo y tendrás esa misma experiencia precisa. Lo que es fácil de decir, pero extremadamente difícil de hacer, porque la mente quiere seguir al mando.

Una vez que sabes que eres perfecto, pones toda tu fe en ti mismo. Confías en cada una de las decisiones que tomas, porque procede de ti y estás en el centro de tu universo entero. Si no te gusta la vida que llevas, harás que algo cambie. Cuando tienes claro que eres perfecto, harás lo que es mejor para ti, de forma muy natural. Es tan sencillo como lógico. En el fondo no es más que sentido común.

No tienes la responsabilidad de cambiar el mundo; no es tu trabajo. No es tu misión en la vida. De hecho, nadie tiene por misión en la vida cambiar el mundo. Tu auténtica misión en la vida es muy importante, y consiste en hacer que seas feliz. Se trata de tu única misión en la vida, y es la misma que tienen todas las demás personas. No eres responsable de la felicidad de otro. No eres responsable de los elementos positivos o negativos que se dan en el mundo. Eres responsable de ti mismo. Lo mejor que puedes hacer por el mundo es convertirte en el responsable de ti mismo.

No me creas, ni siquiera creas lo que estoy enseñándote ahora mismo, hasta que lo pruebes por tu cuenta. De la misma manera, no te creas a ti mismo sin probarlo todo por tu cuenta; es igualmente importante. Las voces que hablan en tu mente son el producto del pasado, y lo que dicen se basa en lo que en su momento aprendiste. Es el motivo por el que les doy el nombre de voz del conocimiento. El conocimiento siempre está hablándote, y tú lo llamas pensar. La voz del conocimiento, de hecho, es un sinfín de voces que muchas veces están en contradicción. Tu labor es no creer en ellas sin poner a prueba lo que están diciéndote. Sencillamente, has creído aquello que las voces han estado diciendo durante años y más años, y ha llegado el momento de descubrir qué es verdad y qué no lo es.

Lo más importante de todo es que seas feliz, que disfrutes de la vida, porque vives en el mundo que creas. Tu propio sueño tan solo resulta cierto para ti, y para nadie más. Por supuesto, todas las demás personas hacen exactamente lo mismo, crear su propio mundo, y cada una es el centro de su propio universo. Cada ser humano crea su propio universo.

En consecuencia, mis enseñanzas tienen el propósito exclusivo de ayudarte a cambiar el mundo, ayudar a que dejes de juzgarte, ayudarte a desaprender todo el conocimiento recibido de los otros, ayudarte a crear un hermoso sueño en su lugar.

Ahora ya conoces las herramientas. El resto es cosa tuya.

Tercera Parte

Historias
de la Sabiduría

Nota del editor: Las siguientes Historias de Sabiduría
han sido referidas en primera persona por
Don Miguel Ruiz, Jr.

Mi aprendizaje de los acuerdos toltecas

Me educaron en el seno de una familia con una rica tradición oral. Descendemos de los toltecas del linaje de los Guerreros del Águila, y cada generación comparte el conocimiento de los ancestros con la siguiente por medio de relatos y símbolos. Cuando yo era un niño pequeño, mi abuelita Sarita era la jefa espiritual de la familia y de la comunidad. No tan solo compartía las historias de nuestros ancestros, sino que a la vez mantenía un templo llamado Nueva Vida en San Diego, California, donde oficiaba como curandera y sanaba a muchos de sus pacientes; también impartía charlas y sermones a los vecinos del Barrio Logan cada jueves y domingo. A los noventa y siete años de edad fue designada miembro del Salón de la Fama de las Mujeres de San Diego, por haber mantenido viva la tradición y por haberla compartido con todos los miembros de la comunidad.

De vez en cuando, la abuelita prestaba servicios y oficiaba ceremonias especiales en una montaña llamada Madre Grande, situada en Dulzura, California. Para ella, este lugar era sagrado. Para mí era un parque de juegos, y tengo muchos recuerdos maravillosos de mis visitas con la familia. Mis primos, mi hermano Jose y yo vagabundeábamos por la zona con otros chavales, explorando todo cuanto nos era dado explorar.

Dejamos de ir allí con tanta frecuencia después de que la abuelita Sarita se hiciera mayor, razón por la que mi padre me sorprendió el día que nos preguntó a Jose y a mí si preferíamos pasar el día en Disneyland o en Madre Grande. Mi hermano respondió que en Madre Grande, y estuve de acuerdo. Yo tenía catorce años, y Jose once. A esas alturas, Disneyland ya no me interesaba demasiado, por lo que el cambio resultaba bienvenido. Había estado echando de menos los días transcurridos en la montaña en compañía de mi familia, y tenía ganas de revivirlos.

Nada más llegar, mi padre nos llevó a dar un paseo por los campos, explorándolos como hiciéramos en el pasado. Tras encaramarnos a unos grandes peñascos, descubrimos un pequeño sendero, que enfilamos hasta llegar a la mitad aproximada de la ladera. Jose iba por delante, seguido por mi padre y yo. Mi hermano encontró una hendidura, similar a una pequeña cueva, entre cuatro grandes rocas. Mi padre entró el primero, para asegurarse de que no había peligro, y nos invitó a seguirlo.

Tomamos asiento, y mi padre empezó a contarnos la historia de nuestra familia, a hablarnos de don Eziquio Macias, el abuelo de nuestra abuelita, del padre de esta, don Leonardo Macias, de los toltecas y su cultura y filosofía, y sobre una legendaria serpiente de dos cabezas que representa la verdad.[1]

---

1. En el calendario azteca figura una serpiente con dos cabezas, el símbolo de la creación de todo el universo, formado por la Energía y la Materia.

—Para mí, que los dos quisieran venir a este lugar es una señal de poder —nos dijo—. Significa que ha llegado el momento de iniciarlos a ambos en el camino tolteca. ¿Les gustaría ser iniciados?

Jose y yo nos miramos y asentimos. Habíamos estado esperando que llegara el día en que pudiéramos aprender más sobre nuestra tradición familiar.

—Bien —dijo mi padre.

A continuación sacó de la mochila dos pequeñas bolsas de cuero y nos dio una a cada uno. En el interior de cada una de ellas había un palo, un cordel rojo, un retal de tela roja, un cordón de cuero, siete piedras (cinco grises, una negra y otra blanca) y una pluma de águila. Nos pidió que lo sacáramos todo y lo lleváramos junto a nuestro corazón.

—Esta es su iniciación, hijos míos. Son los artistas de sus vidas y están dando los primeros pasos en un viaje muy largo, el viaje del amor y del conocimiento de uno mismo. Van a abrazar el Sueño del Planeta durante muchos años, en algún momento van a perderse y terminarán por encontrar el camino de regreso al hogar. Estaré con ustedes para ayudarles a cada paso. Cojan las piedras y sosténgalas en la mano izquierda. Cada una de las piedras representa un acuerdo que van a establecer en su condición de aprendices.

Hicimos lo indicado y escuchamos su explicación del significado de cada una de las piedras:

La primera piedra representa el acuerdo de Ser Impecable Con Tus Palabras. Pues la palabra es la que crea el sueño en el que vives. El uso que hagas de ella hará que te sientas feliz o triste. Pero, si eres impecable con tus palabras, siempre conocerás el amor.

La segunda piedra representa el acuerdo de No Tomarte Nada Personalmente. Nada de cuanto los demás hacen tiene que ver contigo, lo que significa que tan solo eres responsable de tus propias acciones y de tu propia percepción. Esto es clave para vivir la vida con libre voluntad.

La tercera piedra representa el acuerdo de No Hacer Suposiciones. Siempre tienes que estar dispuesto a preguntar sobre aquello que no conoces. Si respondes con tu propio relato, es posible que comiences a creer en una ilusión. Siempre has de estar dispuesto a ver la vida tal y como es.

La cuarta piedra representa el acuerdo de Hacer Siempre Lo Máximo que puedas. *Lo máximo que puedas siempre va a cambiar, pero siempre has de estar dispuesto a pasar a la acción cuando la vida te dé la oportunidad de hacerlo.*

La quinta piedra representa el acuerdo de Escuchar Siempre, Pero Manteniéndote Escéptico. Escéptico incluso con lo que en este momento les estoy diciendo. No me crean, pero escuchen. No crean en sus propias palabras, las del narrador en su mente, pero escuchen. Y no crean a nadie más, pero escuchen. Hijos míos, la clave radica en escuchar con escepticismo, siempre. Hay un ele-

mento de verdad en cada voz que escuchan, pero a ustedes les corresponde discernir qué partes resultan verdaderamente ciertas para ustedes.

En sexto lugar, esta piedra negra representa la Muerte. La Muerte es nuestra principal maestra; nos da todo lo que tenemos, y más tarde lo recuperará en su totalidad. Así que aprendan a apreciar lo que tienen y permanezcan dispuestos a renunciar a ello una vez que la Muerte venga a recobrarlo.

En séptimo lugar, esta piedra blanca representa la Vida. Nuestro principal temor no es la Muerte; es la Vida. No tengan miedo de vivir, no tengan miedo de ser ustedes mismos, no tengan miedo a nada. Disfruten de todo mientras se encuentre aquí, del mismo modo que ustedes se encuentran aquí.

El palo representa el viaje de la vida, una serpiente con dos cabezas que representa su viaje entre dos sueños. Por favor, envuelvan el palo y las piedras con esta tela roja y anúdenla con el cordón de cuero.

Ahora cojan esta pluma. La pluma representa la libertad, la capacidad de ir por cualquier dirección en la vida, porque son tan libres como el viento, nada ni nadie puede detenerlos, el viento y sus alas operan en armonía, en tanta armonía como su mente y su corazón. Recuerden siempre quiénes son.

Mi hermano y yo seguimos las indicaciones de mi padre del mejor modo posible. Nos ayudó a anudar la pluma con el cordel rojo para terminar de elaborar nuestro objeto de poder, el símbolo de nuestro aprendizaje. Cuando estábamos terminando, mi padre dio un paso, salió y se situó en la misma entrada de la cueva. Con su espalda vuelta hacia el sol, su sombra se proyectaba contra el suelo de la cueva. A continuación levantó las manos sobre la cabeza, de tal forma que su sombra ahora llevaba a pensar en una serpiente, cuya cabeza estaba formada por las manos alzadas sobre la cabeza. Meneó los dedos en imitación del movimiento de la lengua de una serpiente y comenzó a mover el cuerpo de lado a lado en una danza rítmica. El resultado era que su sombra ahora recordaba una serpiente que se arrastrara por el suelo sacando la lengua a intervalos.

Mi hermano y yo contemplamos la sombra de la serpiente que culebreaba por el suelo de la cueva. De pronto, por la ladera de la montaña empezó a resonar el ruido de muchas serpientes de cascabel. Nos miramos asombrados; a los dos nos costaba creer que esto estuviera teniendo lugar.

Mi padre estaba tranquilo.

—Las serpientes de cascabel han aceptado su iniciación —dijo—. Ahora son aprendices de la vida.

Mi padre dio un paso y se hizo a un lado, y el ruido de las serpientes de cascabel dejó de oírse. Jose y yo seguíamos tratando de encontrarle el sentido a lo que acababa de suceder.

—Había un montón de serpientes… —dije a mi hermano.

Mi padre volvió a entrar en la cueva y nos pidió que fuéramos por delante durante el descenso por la ladera. Fuimos andando por el sendero, con algo más de urgencia que antes, y bajamos hasta el claro en el bosque donde habíamos dejado el coche.

Mientras descendíamos de regreso por la carretera de montaña, mi padre dijo que esperaría a que terminásemos la escuela para darnos el empujón definitivo.

—Pero una cosa, Miguel. Entretanto, van a ser los aprendices de la abuelita Sarita. Los dos asistirán a mis clases y harán lo que puedan.

Conservé mi bastón de poder hasta los veinticuatro años de edad, momento en que mi padre lo rompió en señal de que mi iniciación había terminado.

El espejo

En 1988, mi padre construyó un cuarto de los espejos: una habitación sin ventanas cuyas cuatro paredes estaban cubiertas por espejos (había otro en la puerta del cuarto). La habitación era pequeña; en su interior cabían cuatro personas como máximo. Mi padre la utilizaba para meditar y hacer el trabajo espiritual con sus alumnos y mi abuelita Sarita, quien le había enseñado la tradición tolteca de nuestra familia.

La abuela también había estado trabajando con espejos en compañía de sus alumnos, a lo largo de muchos años, y asimismo nos enseñó, a sus nietecitos, a acostumbrarnos a trabajar con espejos mientras jugábamos. Por ejemplo, cuando éramos pequeños, cierto día estuvimos jugando al juego de no parpadear. Mis primos y yo mirábamos por turnos el espejo que había sobre la cómoda de mi abuela. El dormitorio estaba a oscuras, y una vela encendida iluminaba nuestras caras mientras contemplábamos nuestros propios ojos, esforzándonos en no parpadear. Soltábamos risitas y nos burlábamos los unos de los otros mientras hacíamos lo posible por sostener las miradas el mayor tiempo posible.

Sabíamos que los mayores usaban los espejos con otros propósitos espirituales, pero no sabíamos qué propósitos exactos eran aquellos. De forma que, a los quince años de edad, cuando mi padre me invitó a entrar en el cuarto de los espejos para la primera de mis lecciones, me sentí tan ilusionado como nervioso, pues no sabía con qué iba a encontrarme.

Al entrar en el cuarto de los espejos vi que en la habitación tan solo había unos cojines, cerillas y una vela solitaria. Mi padre me pidió que me sentara en uno de los cojines situados en el centro. Vi mi reflejo en cada dirección. Contemplé mi rostro desde muchos ángulos; me puse a buscar aquellos ángulos que permitieran ver la parte posterior de mi cabeza. Sentado en el centro de la pequeña estancia, podía ver un número infinito de mis propios reflejos.

Mi padre estaba sentado detrás de mí, de tal modo que nos encontrábamos espalda contra espalda, con los ojos mirando en direcciones opuestas.

—La única instrucción que voy a darte es: mira tus propios ojos —dijo—. Puedes parpadear, pero no apartes la vista de tus propios ojos.

La llama de la vela titiló; miré mis ojos. Sin música, sin mantras, sin oraciones…, tan solo se oía el sonido de la vela iluminada y el de nuestros alientos. Contemplé mis ojos reflejados y, al cabo de unos minutos, mi cara empezó a volverse borrosa, hasta convertirse en un oscuro pegote irregular. Me acordé de que lo mismo había pasado durante nuestros juegos en la niñez, así que no le di mayor importancia. Los espejos me devolvían la imagen de mi rostro cada vez que concentraba y ajustaba bien la mirada; unas veces veía aquel borrón, y otras veces veía mi verdadera cara.

Pero de pronto pasó algo inesperado. La imagen de mi cara cambió en el reflejo. Se transformó en la de un joven, de mi edad aproximada, pero al que no reconocí. Como es natural, me llevé un sobresalto.

—Sigue mirando —me instó mi padre de inmediato al oír mi grito ahogado.

Apretó su espalda contra la mía. Él también podía ver mi reacción en los reflejos.

Volví a ajustar la vista, y la imagen al momento volvió a transformarse en un borrón y, algo después, en mi propio rostro otra vez. Exhalé un ligero suspiro de alivio. Haciendo caso a las palabras de mi padre, continué mirando mis ojos, y mi cara de nuevo se tornó un pegote. Al reajustar la vista, de repente contemplé el rostro de una mujer que me miraba a su vez. Otra vez sobresaltado, di un respingo.

—Sigue mirando —repitió mi padre.

Mi mente se aceleraba al tratar de explicar qué era lo que yo estaba viendo. Me pregunté si sería una especie de ilusión óptica causada por la luz de la vela; también me vinieron a la cabeza historias de magia y de superstición. Pero entonces recordé algo que mi abuela me había enseñado muchos años atrás. Al encontrarte con nuevas situaciones que la mente no puede explicar, «cuanto más piensas, menos ves», me dijo.

—Evita que tu mente se disperse por otros pensamientos y recobrarás el silencio necesario para ver —agregó.

Acordándome de sus palabras, volví a enfocar la vista en mis ojos reflejados en el espejo. El manchurrón reapareció sin esfuerzo, pero mi reflejo al momento comenzó a transformarse en muchas caras. La de un anciano, la de un niño, la de otra mujer, sin que pudiera reconocer ninguna de ellas. El ciclo cesaba cada vez que un pensamiento me distraía. Y se reiniciaba cuando mi mente recobraba el silencio.

Mientras continuaba enfocando la vista, mi rostro normal reapareció un momento; de pronto se ensanchó, y mi piel se tornó más oscura de lo que ya era de por sí, al tiempo que mi pelo se rizaba y crecía. Ambos se contrajeron a continuación, y apareció otra serie de caras. Esto continuó durante un rato que me pareció largo, hasta que de repente lo vi todo negro. Se diría que el cuarto entero había desaparecido; tan solo percibía y oía mi propio aliento.

La voz de mi padre me devolvió a la realidad, la habitación volvió a ser visible, y oí que decía:

—Detrás de tus ojos hay un espejo; se trata de tu cerebro, y el reflejo de la luz es tu mente. Pero lo que allí ves es una imagen; no es más que luz que rebota sobre la materia. Tu mente se esfuerza en procesar la información de la luz y en encontrarle un sentido que se ajuste a tu conocimiento existente. De manera que proyecta su propio significado y crea un relato. Cada rostro que has visto es un relato, pero la mente puede cambiar con rapidez el relato de quien eres, porque no resulta real.

—Pero yo he visto que… —objeté, con intención de preguntarle sobre todas aquellas caras que había visto.

—Lo que has visto es una ilusión —respondió—. El propósito de este juego es el de que entiendas que todo es un relato que está bajo tu control. Si no te gusta el protagonista, no tienes más que cambiar el relato del protagonista de tu vida. Con el tiempo verás que el relato ya no te hace falta, que te bastará, sencillamente, con disfrutar de la experiencia de ser tú mismo.

¿Por qué tienes que pagar el precio de mis acciones?

Hace muchos años fui con mi padre a Nueva York, donde él iba a impartir una charla sobre *Los cuatro acuerdos*. Los organizadores nos habían reservado alojamiento durante un par de noches en un hotel estupendo. Al volver de la charla, entramos en el hotel y reparamos en que había un restaurante muy fino, cuyos comensales iban todos vestidos con elegancia. Mi padre me miró y me preguntó si tenía hambre. Asentí. Decidimos subir a nuestras habitaciones respectivas y cambiarnos de ropa para cenar; íbamos a reunirnos abajo al cabo de unos pocos minutos. Tenía mucha hambre, motivo por el que me cambié con rapidez y me puse americana y corbata. Bajé al vestíbulo situado ante el restaurante y esperé a que llegase mi padre. En el restaurante estaban sentándose unos recién llegados, también vestidos con mucho estilo, como correspondía a la que sin duda iba a ser una cena excelente.

Mi padre finalmente reapareció, vestido con pijama y zapatillas.

Al momento comprendí que se disponía a enseñarme una lección, por lo que no me molesté en mostrar extrañeza alguna. Pero por dentro me sentía avergonzado por completo al ver a mi padre vestido de esa guisa. Hice lo posible por mantener la expresión neutra y fingir despreocupación. Echamos a andar hacia donde se encontraba la recepcionista, y mi trabajo me costaba no dar muestras de vergüenza y embarazo por la vestimenta de mi padre.

—¿Hay algún problema? —preguntó él.

—¡Nada de eso! —respondí.

—Bien, porque me muero de hambre —dijo.

En la entrada del restaurante no había rótulo alguno que indicara cómo había que vestir, por lo que la recepcionista —si bien divertida al ver a mi padre en pijama— nos dio la bienvenida y preguntó:

—¿Cuántos van a ser?

—¡Dos! —contestó mi padre con voz entusiasta.

Luego me miró, para ver si mi rostro delataba alguna reacción por mi parte. Conseguí mantenerme impertérrito, y seguimos a la recepcionista hasta nuestra mesa.

Mientras nos encaminábamos a nuestra mesa, noté todas y cada una de las miradas que el resto de los comensales nos dirigían a mi padre y a mí. Las piernas me fallaban, y me costó lo mío recorrer los pocos metros del recorrido, rodeado de rostros que se volvían hacia nosotros y nos miraban sonriendo. Llegamos a nuestra mesa, y tuve la impresión de que se encontraba en el mismo centro del restaurante.

Mi padre volvió a preguntar:

—¿Todo en orden?

—Sí.

—¿Estás seguro?

—Segurísimo —respondí.

Sin decir más, echó mano a la carta y rebuscó por la mesa con la mirada, tratando de encontrar algo. Lo encontró, se ajustó las gafas de leer a la punta de la nariz y empezó a mirar la carta. Sus ojos aparecían enormes, magnificados por las lentes. Y vestido con el pijama nunca le había visto con un aspecto tan ridículo. El rostro, finalmente, me traicionó; puse los ojos en blanco.

—¿Es que pasa algo? —quiso saber.

—Por favor, papá. Estamos en un restaurante magnífico, en un hotel magnífico. Todos van vestidos con elegancia, y tú te has presentado en pijama. Van a pensar que eres un millonario excéntrico, a lo Howard Hughes, o que eres un patán sin modales ni categoría.

Mi padre me miró un minuto. Su expresión se volvió seria, y vi que sus ojos se acercaban al responder:

—¿Por qué tienes que pagar el precio de mis acciones? ¿Tan poco me respetas que te sientes obligado a asumir las consecuencias de lo que yo hago? ¿Por qué no me dejas asumir las consecuencias de mis propios actos? Estamos hablando de mis propios actos, de mis elecciones personales, que tienen sus propias consecuencias. Todo esto ¿qué tiene que ver contigo?

Fui incapaz de responder. Mi padre tenía razón; había asumido la responsabilidad por sus acciones, por su voluntad, dejando que sus elecciones personales hablaran por mí, por lo que mi embarazo y mi mortificación eran las formas en que estaba castigándome por sus actos. Esta lección de mi padre tenía por objeto recordarme que únicamente controlo las puntas de mis propios dedos, que únicamente controlo mi propia voluntad. Pero en este caso, al tomarme sus acciones de forma personal, estaba convirtiéndome en mentalmente responsable de las elecciones y los actos por él decididos.

Mi padre me explicó que, en cualquier situación en la que me castigara a mí mismo por el comportamiento de otros, sentiría la necesidad de domesticarlos para que se comportasen a mi capricho. También subrayó que, cada vez que nos tomamos personalmente las acciones de otros y tratamos de hacernos responsables de su voluntad, tampoco estamos respetándolos, pues consideramos que somos más listos que ellos.

Concluyó con las siguientes palabras:

—Nunca asumas el peso de la elección personal ajena. Tan solo eres el responsable de tu propia voluntad. Aprende a respetarte a ti mismo, y así aprenderás a respetar a todos los demás. No puedes dar a otros aquello que no tienes.

Sentado en silencio, reflexioné sobre cuanto acababa de decir, sin apartar la vista de sus ojos.

—Gracias, papá. Lo he entendido.

Se quitó las gafas y, con una sonrisa, dijo:

—¡Bien! Y ahora vamos a comer.

A menudo mi padre enseña de este modo, cuando menos te lo esperas.

No temas a la muerte

En 2002, mi padre sufrió un grave ataque al corazón y estuvo al borde de la muerte. Más tarde me explicó que, aunque en el momento del ataque al corazón estaba sumido en un intenso dolor, también se sentía ilusionado y contento.

Sus palabras al principio me dejaron muy confuso, pero mi padre explicó que consideraba que su propia muerte era una gran oportunidad para mostrarnos a cada uno de nosotros cómo había que dejarse llevar y desvincularse del cuerpo. Por decirlo de otra forma, quería enseñarnos cómo morir. Quería que todos sus aprendices lo vieran, porque entonces podríamos entender la muerte mejor, y podríamos dejar de tenerle miedo a morir.

Cuando llegamos al hospital, los médicos le llevaron a la unidad de cuidados intensivos. En estas unidades no suelen aceptar muchas visitas, y fuimos pocos los que pudimos visitarlo. Mi hermano Jose, quien por entonces tenía veintitrés años, yo y unos cuantos más fuimos los únicos que lo vimos. Al entrar en la habitación, Jose estaba llorando y, cubierto de lágrimas, decía:

—Papá, no te mueras… Por favor no te mueras…

Este no era el Jose que yo conocía. Había sido aprendiz de mi padre durante mucho tiempo, y me parecía claro que mi padre sabía que la mente estaba controlando a Jose. De forma que dijo:

—Jose, ¿es así como piensas celebrar la muerte de tu padre? Sal de la habitación, arréglate un poco y vuelve cuando estés mejor. Vuelve, porque necesito hablar contigo antes de irme.

Por supuesto, Jose se quedó estupefacto; como todos. No esperaba que su padre fuera a decirle eso, pero se rehizo. Salió de la habitación y volvió al cabo de unos minutos, perfectamente sereno; ahora era el Jose que todos conocíamos. Se acercó al lecho y dijo:

Padre, muchas gracias, y me disculpo. Veo lo muy egoísta que he sido. Veo que iba a pasar los últimos momentos de tu vida apiadándome de mí mismo, sintiéndome abrumado de dolor porque posiblemente fueras a morir… y el hecho es que todavía no has muerto. Lo que he hecho es cambiarme de lugar e imaginar que yo era el que estaba en la cama, muriéndome. Incluso fui más lejos. Me vi en el ataúd y vi que me llorabas; vi que estabas desprendiéndote de todo cuando habías hecho a lo largo de tantos años. No querías ver a nadie, tan solo querías estar a solas, compadeciéndote a ti mismo. Vi que estabas por completo abrumado por mi muerte, y que tan solo tenía un minuto para hablar contigo. Me dirigí a ti y dije:

«Padre, estoy bien. No siento dolor. Me siento muy feliz y no quiero regresar. Así que, por favor, déjame ir. Estás vivo. En mi recuerdo, disfruta de tu vida, disfruta de cada momento de la vida. Yo tuve mi momento, disfruté de él, y ahora quiero que tú hagas lo mismo con el tuyo.»

Mi padre dijo a José:

—¡Vaya! Es exactamente lo que quería enseñarte.

Fue una lección que nos llegó a todos.

Teotihuacán

Aunque las contribuciones más conocidas que mi padre ha hecho al mundo son sus libros, creo que el principal legado de enseñanzas de mi padre es el correspondiente al «Viaje de Poder» a Teotihuacán, en México.

Teotihuacán, palabra que en idioma náhuatl significa «el lugar donde el hombre se transforma en dios», no es tan solo una antigua ciudad del centro de México conocida por sus pirámides; también es una escuela mistérica que ofrece una hoja de ruta para el viaje destinado a redescubrir tu auténtico yo.

Mi padre me ha llevado muchas veces, así como a miles de personas, a Teotihuacán para experimentar viajes de poder. Si bien cada viaje ha resultado único en el sentido de que estaba ajustado a las necesidades del grupo preciso que guiaba, siempre ha hecho hincapié en la importancia de darnos cuenta de nuestra domesticación. Nos ha mostrado cómo nos hemos torturado a nosotros mismos al querernos bajo condiciones, lo que a su modo de ver supone la creación de nuestro propio infierno personal en la tierra.

Uno de los viajes de este tipo más transformadores tuvo lugar en 2000. Recién había terminado los estudios universitarios, y dado que ya no estaba ocupado en los estudios académicos, mi padre quería intensificar mi formación en nuestra tradición familiar.

Para resumir: nada más llegar a Teotihuacán, mi padre hizo que me concentrara en mi cuerpo y mis sentidos, liberándome de cualquier vergüenza que mi cuerpo pudiera inspirarme, manteniéndome abierto a todos los sabores, los aromas y las texturas que la vida me inspiraba. A continuación hizo que me concentrara en la mente, y me di cuenta de que mi sentido del yo es una proyección mental, o lo que él llama una máscara que puedo quitarme en cualquier momento. Por ejemplo, un día hice exactamente esto al liberarme de la imagen que mi mente había creado de lo que un hombre «tenía que ser».

Este trabajo con la mente y el cuerpo fue valioso por y en sí mismo, pero el momento de mayor transformación lo viví durante la ceremonia final del viaje, acaecida en lo alto de la Pirámide del Sol. Mi padre me pidió que oficiara la ceremonia del Sol para nuestro grupo, cosa que ya había hecho otras veces. Empecé la ceremonia apelando a la energía de la Madre, concentrando la atención en mis pies y sintiendo el poder que emanaba de la pirámide bajo ellos, a la vez que levantaba las manos en dirección al Sol para sentir su calidez en mis palmas. El objetivo de la ceremonia es que las dos energías se fusionen en mi corazón, como si el Sol y la Tierra estuvieran haciendo el amor a través de mí.

Cerré los ojos para sentir la experiencia y comencé a rezar la oración correspondiente. Pero, mientras lo hacía, mi padre se acercó y me sopló humo en la cara, humo procedente de una hoguera ceremonial que había hecho con ramas procedentes del sagrado árbol de copal. No tenía idea de que iba a hacer una cosa así, pero, tan pronto como lo hizo, mi perspectiva se modificó de forma radical. Todo cuanto veía tenía un tono azulado, y al mirar las demás pirámides reparé en que estaban respirando. En aquel momento comprendí que todas las cosas están vivas, y sentí dicha vivacidad muy profundamente en mi interior. Tuve la sensación de que podía obrar cualquier milagro, de que todo era posible. En lo alto de la pirámide me sentía en la cima del mundo, literalmente. Rompí a llorar ante la enorme belleza que se extendía ante mis ojos, a la vez que sentía las emociones de las personas que me rodeaban. Sentía que los árboles confraternizaban conmigo, pues no existía separación entre mi persona y todas las demás cosas. Sentí la profunda experiencia del «yo soy», por la que me sentía absolutamente sumido en el momento, sin juzgar nada en absoluto, y sentí la unicidad de todas las cosas.

Durante los días siguientes a esta experiencia permanecí en lo que tan solo puede ser descrito como un estado alterado de conciencia; tenía la impresión de que todo cuanto hacía estaba siendo guiado por la energía de Teotihuacán. Cuando me abracé a otro de los discípulos de mi padre, sentí como si pudiera fundirme físicamente con él. Otros maestros nos separaron, al darse cuenta de que éramos muy capaces de abandonar este plano de la existencia. La separación resultó dolorosa, en cierto modo, porque nunca antes había tenido una tan poderosa sensación de unidad. Fue entonces cuando aprendí que es posible disfrutar de una experiencia orgásmica sin clímax físico; basta con la voluntad de estar estrechamente vinculado a la vida. El éxtasis es trascendencia, y también supe que ninguna droga podría provocarme una sensación semejante.

En la última fase de este viaje de poder, el grupo se marchó de Teotihuacán a Oaxaca, también en México, para visitar las ruinas de Monte Albán. En esta etapa final del viaje comencé a sentirme comprometido otra vez con el Sueño del Planeta. Poco a poco, estaba empezando a verme a mí mismo a través del relato de mi experiencia, en lugar de experimentar verdaderamente el «yo soy». Como resultado, las heridas emocionales volvieron a hacer aparición, regresaron los tabúes, y dejé el paraíso para volver a entrar en mi sueño personal.

Mi padre reparó en que estaba regresando al relato de mi mente, hizo un aparte conmigo y me dijo:

—Ahora que sabes lo que es posible, puedes encontrar el camino de vuelta a la verdad. No hace falta que vayas a Teotihuacán para hacerlo, porque es posible encontrar la verdad en cualquier lugar en que te halles. Pues mientras estés vivo en este cuerpo vas a tener una mente, lo que significa que siempre estás soñando. No tengas miedo a soñar, pero tampoco tengas miedo al final de tu sueño. ¡Disfruta de todo ello! Estás vivo, pero tu cuerpo ya ha muerto. Motivo por el que no hay necesidad de tenerle miedo a la muerte. En su lugar, da un paso al frente y vence el miedo a estar vivo.

En ese momento emprendí mi propio viaje de poder, que sigue hasta hoy. De entre toda la sabiduría que mi padre me ha transmitido, la experiencia que en Teotihuacán tuve del «yo soy» es la que tiene mayor poder de transformación. Este libro es un registro físico del legado de las enseñanzas que mi padre me ha aportado durante la vida, y me siento enormemente agradecido por haber experimentado todas estas cosas.

Sobre Don Miguel Ruiz
y Don Miguel Ruiz Jr.

DON MIGUEL RUIZ es el autor de *Los cuatro acuerdos*, superventas internacional que estuvo en el listado de *best sellers* del *New York Times* durante más de siete años. Ha dedicado su vida a compartir la sabiduría del antiguo pueblo tolteca por medio de libros, charlas y viajes a lugares sagrados de todo el mundo. Entre sus libros anteriores se cuentan *La Maestría del Amor*, *La Voz del Conocimiento*, *The Toltec Art of Life and Death* y *El Quinto Acuerdo*, en colaboración con su hijo don Jose Ruiz.

En su condición de hijo de don Miguel Ruiz, DON MIGUEL RUIZ JR. es un *nagual*, un maestro tolteca de la transformación, así como descendiente directo del linaje de los Guerreros del Águila. Al combinar la sabiduría inherente a las tradiciones de su familia con el conocimiento adquirido a través de su propio viaje personal, hoy ayuda a otros a descubrir su propio camino a la libertad personal. Es el autor de *Los*

Cinco Niveles del Apego, Meditaciones Tolteca para el Día a Día y *La Maestría del Ser — El camino Tolteca hacia la libertad personal.*

Conéctate con ellos en: www.miguelruiz.com y www.miguelruizjr.com

ECOSISTEMA DIGITAL

NUESTRO PUNTO DE ENCUENTRO

www.edicionesurano.com

2 AMABOOK
Disfruta de tu rincón de lectura
y accede a todas nuestras **novedades**
en modo compra.
www.amabook.com

3 SUSCRIBOOKS
El límite lo pones tú,
lectura sin freno,
en modo suscripción.
www.suscribooks.com

DISFRUTA DE 1 MES
DE LECTURA GRATIS

1 REDES SOCIALES:
Amplio abanico
de redes para que
participes activamente.

4 APPS Y DESCARGAS
Apps que te
permitirán leer e
**interactuar con
otros lectores**.

iOS